V&R

classica
Kompetenzorientierte lateinische Lektüre
Herausgegeben von Peter Kuhlmann

Band 5:   Sallust
            Coniuratio Catilinae
            Bearbeitet von Susanne Gerth und Peter Kuhlmann

Sallust
Coniuratio Catilinae

Bearbeitet von Susanne Gerth und Peter Kuhlmann

Vandenhoeck & Ruprecht

Bibliografische Information der Deutschen Nationalbibliothek

Die Deutsche Nationalbibliothek verzeichnet diese Publikation in der
Deutschen Nationalbibliografie; detaillierte bibliografische Daten sind
im Internet über http://dnb.d-nb.de abrufbar.

ISBN 978-3-525-71096-8

Umschlagabbildung: Gagafoto@online.de

Satz: SchwabScantechnik, Göttingen
Umschlag: SchwabScantechnik, Göttingen
Druck und Bindung: ⊕ Hubert & Co., Göttingen

Gedruckt auf alterungsbeständigem Papier.

Inhalt

III. Anhang

Liebe Schülerinnen und Schüler,

mit dieser Textausgabe lernen Sie als Beispiele für die römische Geschichtsschreibung Sallusts »Catilinarische Verschwörung« kennen.

Die Lektüre dieses in vieler Hinsicht unterhaltsamen und spannenden Textes gibt einen historischen Einblick in die Zeit des 1. Jahrhunderts v. Chr., als sich die römische Republik bereits im Auflösungsprozess befand. Insofern ist er ein interessantes Zeitdokument für politische Machtkämpfe zwischen Politikern und die Rolle der instrumentalisierten Wählermassen. Zugleich bietet Sallusts »Catilinarische Verschwörung« ein anschauliches Beispiel dafür, wie antike Geschichtsschreibung funktioniert und sich aufgrund ihrer dramatisierenden Darstellung von moderner Geschichtswissenschaft unterscheidet.

Die Sprache Sallusts ist bei der ersten Lektüre ungewohnt, da Sallust häufig ein etwas altertümliches Latein verwendet und allzu parallele Satzstrukturen vermeidet. Auf der anderen Seite ist die Darstellung meistens klar und gut überschaubar, so dass man sich gut in den Stil einlesen kann. Die Buchstaben A, B, C hinter den Überschriften geben Ihnen eine Einschätzung des Schwierigkeitsgrades:

A   leicht/viele Hilfen
B   mittelschwer
C   schwierig/weniger Hilfen

Hinweise zur Grammatik/wichtige Vokabeln: Vor der Lektüre können Sie die in der Fußzeile angegebenen Grammatikthemen und wichtige Vokabeln für das Textverständnis wiederholen. Dies hilft Ihnen, den jeweiligen Text leichter zu verstehen.

Lernvokabeln zu jedem Text befinden sich im Anhang der Ausgabe. Diese Auswahl ist zur Sicherung und Erweiterung Ihrer Wortschatzkenntnisse gedacht. Damit können Sie die Texte erschließen und kontextbezogen die passende Wortbedeutung finden. Vokabeln, die weder im Lernwortschatz enthalten noch als Hilfe angegeben sind, schlagen Sie im Wörterbuch nach.

Überblick über die Kompetenzen

Sprache: Ich kann …

- sprachliche und stilistische Eigenheiten Sallusts im Text nachweisen und richtig übersetzen, besonders:
  - Archaismen (z. B. *quoius* statt *cuius*, *quom* statt *cum*, *aequos* statt *aequus*),
  - Inkonzinnität,
  - Brevitas,
  - Intensivbildungen der Verben (*imperitare* statt *imperare*),
  - häufiger Genitivus partitivus *(satis eloquentiae)*.

Text: Ich kann …

- die Funktion der stilistischen Eigenheiten für die Interpretation nutzen (Dramatisierung, altrömisches Kolorit),
- Gattungsmerkmale der historischen Monographie benennen und im Text nachweisen (Prooemium, Reden, Charakterisierung, Beschreibungen, Schlachtschilderungen, Exkurse, fiktionale Elemente),
- Merkmale moralisierender Geschichtsschreibung im Text nachweisen,
- besondere Merkmale der Erzähltechnik im Text nachweisen (erzählerische Nähe vs. Distanz, partielle Allwissenheit des Erzählers, auktoriale Wertungen und Leserlenkung).

Kultur: Ich kann …

- grundlegende historische und ökonomische Entwicklungen in Italien seit den Punischen Kriegen darlegen,
- die Catilinarische Verschwörung unter dem Aspekt römischer Werte *(virtus, labor, gloria)* interpretieren,
- den Text im Rahmen des Dekadenzmodells von Geschichte und dem Aspekt der *vitia* interpretieren,
- Darstellungsformen der historischen Monographie (Bericht, Exkurs, Rede) benennen.

Sallust

Biographie

Gaius Sallustius Crispus wurde 86 v. Chr. in Amiternum (Sabinerland) geboren und gehörte damit nicht zur stadtrömischen Nobilität. Er war ein Anhänger Caesars und durchlief in Rom einige Stationen der Ämterlaufbahn (Quästur; 52 v. Chr. Volkstribunat). Allerdings wurde er schon 50 v. Chr. aus dem Senat ausgeschlossen, angeblich wegen seines unmoralischen Lebenswandels, in Wirklichkeit jedoch eher wegen seiner Anhängerschaft zu Caesar. Im Auftrag Caesars sammelte Sallust auch einige militärische Erfahrungen. Um 46/45 v. Chr. war er in der Provinz Africa Nova Statthalter, sollte aber anschließend wegen unrechtmäßiger Bereicherung aus den Steuern der Provinz angeklagt werden, was wiederum durch Caesars Eingreifen verhindert wurde. Mit den in Africa angehäuften Reichtümern erwarb er großen Grundbesitz und legte in Rom einen großen Park, die *Horti Sallustiani*, an. Nach Caesars Ermordung 44 v. Chr. zog sich Sallust aus der Politik zurück und begann mit der Geschichtsschreibung. Um 35 oder 34 v. Chr. starb Sallust.

Sallust hatte die Diktatur Sullas als einschneidendes Ereignis der römischen Geschichte im 1. Jh. v. Chr. nicht mehr bewusst erlebt. Allerdings liegt sein literarisches Schaffen genau in der Zeit der Bürgerkriege nach Caesars Ermordung: In wechselnden Koalitionen kämpften Caesars Erben Marc Anton und Octavian mit den Mördern Caesars (Brutus, Cassius) um die Vorherrschaft in Rom. Marc Anton und Octavian verbündeten sich nach anfänglicher Gegnerschaft 43 v. Chr. zusammen mit Lepidus zu einem insgesamt zehnjährigen Triumvirat, das die traditionellen Spielregeln der *res publica* außer Kraft setzte und zur brutalen Ermordung von Anhängern der alten Republik (z. B. Cicero) führte. Speziell Octavian arbeitete offenbar schon früh daran, eine Alleinherrschaft zu errichten, die er nach seinem Sieg über Kleopatra und Marc Anton im Jahr 31 v. Chr. in Form des Prinzipats verwirklichte. Sallust erwähnt zwar diese Bürgerkriege nach Caesars Tod nicht direkt, ist aber in seinen Schriften und seinem Weltbild von diesem Niedergang des alten römischen Stadtstaates stark geprägt. Hieraus resultiert sein negatives, von Dekadenz geprägtes Geschichtsbild.

Sallust verfasste die »Catilinarische Verschwörung« wohl bald nach Caesars Tod (vermutlich um 42 v. Chr.); anschließend schrieb er noch ein Geschichtswerk namens *Bellum Iugurthinum* als Beispiel für die Bestechlichkeit der römischen Nobilität schon Ende des 2. Jh. v. Chr.; am Ende seines Lebens verfasste er schließlich die nur noch in Fragmenten erhaltenen *Historiae*, d. h. eine Darstellung der römischen Geschichte ab Sullas Tod (78 v. Chr.) bis zum Jahr 67 v. Chr.; daneben gibt es noch einige unter Sallusts Namen überlieferte Werke, die heute meist als unecht gelten (Briefe an Caesar).

Die Gattung: Geschichtsschreibung und historische Monographie

Die antike Gattung *Geschichtsschreibung* unterscheidet sich in vieler Hinsicht von moderner Geschichtsschreibung: In der Antike ging es den Geschichtsschreibern nicht um eine in allen Details historisch korrekte Darstellung, sondern auch um Unterhaltung und moralische Erbauung. Geschichtsschreibung sollte nicht nur informieren, sondern ebenso moralische Werte vermitteln. Daher werden gelegentlich historische Ungenauigkeiten in Kauf genommen. Überhaupt enthält die antike Geschichtsschreibung in zwei Punkten fiktionale Elemente, die in wissenschaftlichen Geschichtsdarstellungen von heute nicht vorkommen:

a) die eingeschobenen Reden von Handlungsfiguren, deren Wortlaut nicht dem Original der gehaltenen Rede entspricht,

b) der teilweise allwissend auftretende Erzähler, der ähnlich wie im Roman Dinge weiß, die einem wissenschaftlich arbeitenden Historiker eigentlich unbekannt sind.

Bei Sallusts »Catilinarischer Verschwörung« handelt es sich um eine sog. »historische Monographie«, d. h. um ein begrenztes, aber genauer beleuchtetes Thema der Geschichte. Etwas anderes ist die annalistische Geschichtsschreibung, die längere Zeiträume jahresweise darstellt (z. B. Livius, Tacitus). Die historischen Monographien enthalten feste Bausteine als Gattungsmerkmale:

- *Prooemium:* Hier legt der Historiker z. B. methodische Grundlagen dar oder auch die Gründe für die Abfassung seines Werks.
- *Erzählung:* Den Kern bildet natürlich der eigentliche Bericht über die Handlung, die im Wesentlichen chronologisch in der Reihenfolge der Ereignisse erfolgt, aber häufig zwischen den verschiedenen Schauplätzen des Geschehens hin- und herwechselt. Das Geschehen kann aus verschiedenen Perspektiven erzählt werden, z. B. aus der Distanz heraus oder aus einer Nahperspektive: Letzteres geschieht besonders durch das historische Präsens in der Erzählung, das den Eindruck unmittelbarer Gegenwart des Geschehens vermittelt.
- *Erzähler:* Der Erzähler entspricht in der antiken Geschichtsschreibung in vieler Hinsicht dem realen Autor, d. h. es gibt im Text viele auktoriale Wertungen des Erzählers, die mit dem Urteil Sallusts gleichzusetzen sind. Der Autor Sallust schaltet sich überhaupt oft in der 1. Pers. Sg. ein. Auf der anderen Seite schildert der Erzähler teilweise auch Dinge, die der reale Sallust eigentlich nicht gewusst haben kann, so dass man hier auch wie bei der Romananalyse zwischen Autor und Erzähler trennen könnte.
- *Exkurse:* Gelegentlich wird die eigentliche chronologische Erzählung unterbrochen, um z. B. historische Rückblenden oder politisch-moralische Reflexionen einzubetten.
- *Reden:* Höhepunkte antiker Geschichtswerke sind die direkten (aber fiktiven) Reden wichtiger Persönlichkeiten, die einerseits der Dramatisierung, andererseits der (impliziten) Charakterisierung der Figuren dienen.
- *Charakterisierungen:* Häufig werden besonders wichtige Figuren in eigenen Kapiteln auktorial charakterisiert.

Sprache und Stil

Sprache und Stil Sallusts unterscheiden sich deutlich vom Latein Ciceros oder Caesars. Sallust schuf für seine historischen Werke einen ganz eigenen Stil, der sich an frühere römische Vorbilder wie den älteren Cato (234–149 v. Chr.) und den griechischen Geschichtsschreiber Thukydides (ca. 555–396 v. Chr.) anlehnt. Der Stil Sallusts sollte für den Leser bewusst altertümlich und damit etwas feierlicher als die normale Alltagssprache klingen. Kennzeichen dieses archaisierenden Stils sind:

- echte sprachliche Archaismen, die den Sprachzustand des 2. Jh. v. Chr. widerspiegeln. Hierzu gehören besondere Formen wie *quoius* statt *cuius*, *quom* statt *cum*, *lubido* statt *libido*, *maxumus* statt *maximus*, *vorsus* statt *versus*, *aequos* statt *aequus*,
- die Vermischung von o- und u-Deklination (Gen. Sg. *senatī* statt *senatūs*),
- das Asyndeton, d. h. der bewusste Verzicht auf verbindende Konjunktionen *(et, atque)*
- die Verwendung historischer Infinitive statt finiter Verbformen
- typisch sind auch wie bei Cato die Alliterationen für eingängige Begriffspaare *(animus audax; mali mores).*

Dadurch klingt die Sprache etwas abgehackt und altrömisch-erhaben (Gravitas).

Ähnlich wie Thukydides versuchte Sallust mit bestimmten Besonderheiten im Satzbau, einen glatten und leichten Lesefluss zu behindern. Anders als Cicero vermeidet er Parallelismen im Satzbau, er wechselt die Konstruktion abrupt. Durch die so erreichte langsamere Lektüre wirkt die Sprache auf den ersten Blick unbeholfener, das geschilderte Geschehen jedoch umso eindrücklicher und dramatischer. Diesen Eindruck vermittelt auch der weitgehende Verzicht auf lange Satzperioden und die Vorliebe für einen eher parataktischen Satzbau, der zugleich etwas archaisch wirkt.

Speziell die Asyndeta vermitteln auf den ersten Blick den Eindruck von Knappheit bzw. Brevitas. In Wirklichkeit liebt Sallust allerdings die Aneinanderreihung vieler Synonyme, um dieselbe Sache auszudrücken, so dass sich häufig eine pleonastische Darstellung ergibt.

Typisch für die Sprache und Darstellungsweise sind die vielen wertenden Begriffe, mit denen der Erzähler dem Leser ein bestimmtes Werturteil aufdrängt. Selbst wenn man den Text noch nicht genau übersetzt hat, weiß man so schon früh, worauf eine Charakterisierung hinausläuft. Durch diese Art der sprachlichen Leserlenkung wirkt die ganze Darstellung oft recht holzschnittartig und undifferenziert. Anders als in der modernen Geschichtswissenschaft sind Gut und Böse bei Sallust meist klar voneinander unterscheidbare Kategorien ohne differenzierende Zwischentöne.

Obwohl die Sprache Sallusts wegen ihrer besonderen Formen eher altertümlich auf die Zeitgenossen wirkte, war der Stil im Ganzen jedoch eine bewusste Neuerung und eigenständige Erfindung Sallusts. Spätere Geschichtsschreiber wie besonders Tacitus (ca. 54–120 n. Chr.) haben Sallusts Sprache und Stil nachgeahmt, so dass man Sallust als Erfinder des typisch historischen Stils bezeichnen kann.

Die *Coniuratio Catilinae:* Aufbau und Inhalt

1–4   **Prooemium**
In der Vorrede begründet Sallust menschliches Handeln mit dem Streben nach *gloria.*
Ruhm sei durch militärische und politische Leistungen, aber auch durch das Schreiben
darüber zu erreichen. Er selbst habe sich nach einer politischen Karriere, die er wegen
der herrschenden Skrupellosigkeit in diesem Geschäft aufgegeben habe, ins Privatleben
zurückgezogen. Doch er wolle nicht untätig sein, sondern die Ereignisse der römischen
Geschichte aufschreiben – ganz konkret ein Ereignis, das die römische Republik in höchste
Gefahr gebracht habe: die Catilinarische Verschwörung.

5,1–8   **Vorstellung des Themas: Catilina und sein Charakter**

5,9–13   **Exkurs: Die Entwicklung Roms**
Sallust skizziert die Geschichte Roms von der Gründung der Stadt bis zur Zeit der Verschwörung.

14–16,3   **Catilina und seine Anhänger**

16,4–25   **Der Beginn der Verschwörung**
Ereignisschilderung: Catilina will sich um das Amt des Konsuls zur Wahl stellen; Sallust
berichtet von einem Treffen im Sommer des Jahres 64 mit einer Gruppe von Anhängern,
die ihn dabei unterstützen sollen.

17   Nennung vieler Beteiligter, die bei dem Treffen anwesend sind

18–19   Exkurs zur Vorgeschichte: Catilina hatte sich schon in den Jahren 66 und 65
bewerben wollen, durfte aber aufgrund eines Verfahrens wegen Bestechung
nicht antreten; daraufhin hatte er an einer Verschwörung teilgenommen, die
jedoch scheiterte.

20–22   Catilina hält auf dem Treffen eine Rede und verspricht seinen Anhängern
Vorteile (Schuldentilgung, Bereicherung durch Raub etc.). Die Verschwörung
wird durch einen feierlichen Bluteid besiegelt.

23–24   Die Geliebte eines Mitverschwörers plaudert den Plan aus, die Verschwörung
fliegt auf; in der allgemein unruhigen Lage wird Cicero zum Konsul gewählt.
Catilina gibt durch diesen Rückschlag nicht auf, sondern radikalisiert sich.

25   Exkurs: Sempronia
Zu seinen Anhängern gehört auch Sempronia, eine ganz außergewöhnliche
Frau.

Worum geht es? – Sallusts Thema (5,1–8) (A)

Der Historiker Sallust berichtet über eine Zeit, in der große Gefahr für den Staat bestanden hat, und über ein ganz außergewöhnliches Verbrechen: die Catilinarische Verschwörung. Doch wer ist dieser Catilina?

L. Catilina, nobili genere natus[1], fuit magna vi et animi et corporis, sed ingenio malo pravoque. Huic ab adulescentia[2] bella intestina[3], caedes, rapinae[4], discordia[5] civilis[6] grata fuere, ibique iuventutem suam exercuit. Corpus
5 patiens[7] inediae[8], algoris[9], vigiliae, supra quam[10] quoiquam credibile est. Animus audax, subdolus[11], varius[12], quoius[13] rei lubet simulator[14] ac dissimulator, alieni[15] adpetens[16], sui profusus[17], ardens[18] in cupiditatibus; satis eloquentiae, sapientiae parum. Vastus[19] animus inmode-
10 rata[20], incredibilia, nimis alta semper cupiebat.

Hunc post dominationem L. Sullae lubido maxuma invaserat rei publicae capiundae; neque, id[21] quibus modis adsequeretur[22], dum sibi regnum pararet, quicquam[23] pensi habebat. Agitabatur magis magisque in dies[24] ani-
15 mus ferox inopiā rei familiaris et conscientiā scelerum, quae utraque iis artibus auxerat, quas supra memoravi. Incitabant praeterea conrupti civitatis mores, quos pessuma ac divorsa[25] inter se mala – luxuria atque avaritia – vexabant.

1 **natus:** geboren – **2 ab adulescentia:** *mit 20 Jahren hatte Catilina unter Cn. Pompeius Strabo im Bundesgenossenkrieg gekämpft* – **3 intestinus:** innere(r) (*d. h. im Bürgerkrieg*) – **4 rapina:** Raub – **5 discordia:** Zwietracht – **6 civilis:** der Bürger – **7 patiens:** fähig zu ertragen – **8 inedia:** Hunger – **9 algor, oris** *m.:* Kälte – **10 supra quam:** über das hinaus, was – **11 subdolus:** heimtückisch – **12 varius:** *hier:* launenhaft – **13 quoius rei lubet:** in jeder beliebigen Sache – **14 simulator/dissimulator:** Heuchler/Lügner – **15 alieni/sui:** *erg.* Dinge – **16 adpetens** + *Gen.:* begierig nach *etw.* – **17 profusus** + *Gen.:* verschwenderisch mit *etw.* – **18 ardere:** brennen – **19 vastus:** unersättlich – **20 inmoderatus:** maßlos

21 **id … habebat:** *sortieren Sie so:* neque quicquam pensi habebat, quibus modis id adsequeretur, dum … – **22 adsequi:** erreichen – **23 quicquam pensi habebat:** es war ihm egal – **24 in dies:** von Tag zu Tag – **25 divorsa inter se:** einander widersprechend

1 Sammeln Sie aus dem Text Bezeichnungen für gute und schlechte Charaktereigenschaften.

2 Arbeiten Sie heraus, wie Catilina von Sallust charakterisiert wird.

3 Nennen Sie die sprachlichen Mittel, mit denen Sallust Catilina charakterisiert, und erläutern Sie ihre Wirkung.

4 Beschreiben Sie, wie Sallusts Einstieg ins Thema auf Sie wirkt. Wie wird Sallust das Geschehen voraussichtlich im Folgenden darstellen?

K Charakterisierung und Leserlenkung als Merkmal der Geschichtsschreibung

Historiker und andere Schriftsteller befassen sich im Wesentlichen mit bestimmten Personen, die für die Handlung bzw. den geschichtlichen Ablauf zentral sind. In diesem Fall ist dies Catilina, der Anführer der sog. »Catilinarischen Verschwörung«. In der Regel wollen die Autoren von Geschichtswerken oder Romanen ihren Lesern ein bestimmtes Bild von diesen Handlungsfiguren vermitteln. Dazu gibt es mehrere Möglichkeiten, die entsprechend in allen Erzählgattungen vorkommen können:

a) Der Autor kann – wie hier – in Form eines eigenen Kapitels eine explizite Charakterisierung einer Handlungsfigur abgeben und darin vorgefertigte Urteile für den Leser abliefern. So entsteht eine starke Leserlenkung, da man als Leser erst durch nachträgliche Reflexion u. U. vom Urteil des Autors bzw. Erzählers abweichen kann. Diese Form einer expliziten Charakterisierung mithilfe auktorialer Urteile ist in der Geschichtsschreibung (und Biographie) von der Antike bis heute beliebt.

b) Ein Autor kann aber auch ein implizites Urteil über die Handlungsfiguren abgeben, das sich für den Leser nur indirekt durch die dargestellten Reden und Handlungen einer Figur ergibt. In diesem Fall verzichtet ein Autor bzw. Erzähler auf auktoriale Wertungen wie »Catilina war ein durch und durch verkommenes Scheusal«. Stattdessen funktioniert die Charakterisierung eher wie im realen Leben, wo wir uns jeweils Urteile über unsere Mitmenschen aufgrund ihrer Handlungen und Worte selbst bilden müssen. Gleichwohl arbeiten Historiker und Romanautoren auch hier in der Regel mit bestimmten Tricks der Leserlenkung, die ein positives oder negatives Urteil über eine Handlungsfigur nahelegen, etwa indem v. a. schlechte Handlungen einer Figur besonders hervorgehoben werden.

Wenn Sie Texte im Unterricht interpretieren, müssen Sie immer zwischen den beiden Verfahren der expliziten und der impliziten Darstellung und Charakterisierung unterscheiden und diese auch in Ihrer Interpretation deutlich benennen.

a) explizite Darstellung → Autor/Erzähler gibt auktoriale Wertungen ab.
→ starke Leserlenkung
b) implizite Darstellung → Autor/Erzähler gibt keine auktorialen Wertungen ab.
→ Leser muss sich Urteil aus Handlungen/Worten selbst bilden.

Die Entwicklung des römischen Staates

1. Von der Gründung Roms bis zur Republik (5,9–6,7) (C)

Nach der kurzen Vorstellung der Hauptperson folgt ein längerer Exkurs über die Entwicklung des römischen Staates von seiner Gründung bis in Catilinas Zeit.

Res[1] ipsa hortari videtur [...] supra repetere[2] ac paucis[3]
instituta maiorum domi militiaeque,

    quomodo rem publicam habuerint[4],

    quantamque reliquerint,

5   ut[5] paulatim inmutata ex pulcherruma atque optuma
    pessuma ac flagitiosissuma[6] facta sit,

disserere.

Urbem Romam, sicuti ego accepi, condidere[7] atque
habuere[4] initio[8] Troiani, qui Aenea duce profugi[9] sedi-
10 bus incertis[10] vagabantur[11], et cum iis Aborigines[12], genus
hominum agreste[13], sine legibus, sine imperio, liberum
atque solutum[14].

Hi postquam in una moenia convenere, dispari[15] genere,
dissimili[16] lingua, alii alio more[17] viventes, incredibile
15 memoratu[18] est, quam facile coaluerint[19]: ita brevi multitudo dispersa[20] atque vaga[21] concordiā civitas facta erat.

Sed postquam res eorum civibus, moribus, agris aucta[22],
satis prospera[23] satisque pollens[24] videbatur, sicuti[25] pleraque mortalium habentur, invidia ex opulentia[26] orta est.
20 Igitur reges populique finitumi[27] bello temptare, pauci ex
amicis auxilio esse. Nam ceteri metu perculsi[28] a periculis aberant. At Romani domi militiaeque intenti[29] festi-

1 **res:** *hier:* der Gegenstand meiner Darstellung – 2 **supra repetere:** weiter ausholen – 3 **paucis … disserere:** *Ordnen Sie so:* paucis (verbis) disserere instituta … – 4 **habere:** *hier:* einrichten – 5 **ut:** wie – 6 **flagitiosus:** lasterhaft, voller Schande

7 **condidere, habuere =** condiderunt, habuerunt – 8 **initio:** zu Beginn – 9 **profugi:** als Flüchtlinge – 10 **sedibus incertis:** ohne festen Wohnsitz – 11 **vagari:** umherziehen – 12 **Aborigines, um:** die Aboriginer *(Urbevölkerung in Latium)* – 13 **agrestis, e:** bäuerlich – 14 **solutus:** frei, ungebunden – 15 **dispar, is:** ungleich – 16 **dissimilis, e:** unterschiedlich – 17 **alius alio more:** jeder auf eine andere Art *(die einen bäuerlich ↔ die anderen städtisch)* – 18 **incredibile memoratu est, quam:** es ist unglaublich, wie – 19 **coalescere, coalesco, coalui:** zusammenwachsen – 20 **dispersus:** verstreut – 21 **vagus:** nicht sesshaft

22 **aucta <est>** + *Abl.:* gewachsen ist *an* – 23 **prosper:** erfolgreich – 24 **pollens, ntis:** mächtig – 25 **sicuti … habentur:** wie es sich meist mit dem Besitz der Menschen verhält – 26 **opulentia:** Reichtum – 27 **finitumus:** benachbart – 28 **percellere, percello, perculi, perculsum:** niederschmettern, erschüttern – 29 **intentus:** eifrig

nare[30], parare[31], alius alium hortari, hostibus obviam[32] ire, libertatem, patriam, parentesque armis tegere. Post, ubi
25 pericula virtute propulerant[33], sociis atque amicis auxilia portabant, magisque dandis quam accipiundis beneficiis amicitias parabant. Imperium legitumum, nomen[34] imperii regium habebant.

Delecti[35], quibus corpus annis infirmum[36], ingenium
30 sapientiā validum[37] erat, rei publicae consultabant: ii vel aetate vel curae similitudine[38] patres appellabantur. Post, ubi regium imperium, quod initio[8] conservandae libertatis atque augendae rei publicae fuerat[39], in superbiam dominationemque se convortit, inmutato more annua[40]
35 imperia binosque[41] imperatores sibi fecere; eo modo minume posse putabant per licentiam insolescere[42] animum humanum.

30 **festinare:** schnell tätig werden – 31 **parare:** *hier:* zum Krieg rüsten – 32 **obviam:** entgegen – 33 **propellere,** propello, propuli: abwehren – 34 **nomen** ... **habebant:** als Bezeichnung der Herrschaft hatten sie »Königtum«

35 **delecti:** ausgewählte Männer – 36 **infirmus:** schwach – 37 **validus:** stark – 38 **similitudo,** inis *f.:* Ähnlichkeit – 39 **esse** + *Gen.:* dienen zu – 40 **annuus:** auf ein Jahr begrenzt – 41 **bini:** je zwei – 42 **insolescere:** übermütig werden

1 Stellen Sie die Entwicklung Roms dar, wie sie nach Sallusts Vorstellung am Anfang stattfand. Unter welchem Fokus erzählt er die Geschichte?

2 Arbeiten Sie heraus, wie Sallust dieses frühe Rom charakterisiert. Nennen Sie wichtige Schlüsselbegriffe.

3 Erläutern Sie, wie Sallust den Beginn der Republik begründet. Nennen Sie die zentralen lateinischen Begriffe.

4 Analysieren Sie, wie die sprachlich-stilistische Gestaltung Sallusts Charakterisierung der Frühzeit unterstützt.

S Historischer Infinitiv

Besonders in der römischen Geschichtsschreibung findet sich der historische Infinitiv statt finiter Perfektformen, um eine lebhaftere Darstellung zu erzielen. In der Regel reihen sich in einer Passage gleich mehrere historische Infinitive aneinander, d. h. einzelne historische Infinitive kommen nur ausnahmsweise vor. Zu übersetzen sind diese historischen Infinitive wie Perfektformen: *hostes decurrere, lapides conicere, tela mittere* (»Die Feinde liefen herab, schleuderten Steine und warfen Geschosse«).

2. Die glorreiche Zeit der Republik (7,1–9,7) (B)

Die Freiheit der Republik fördert den Wettbewerb und spornt die Bürger zu Höchstleistungen an:

Sed ea tempestate coepere se quisque[1] magis extollere[2] magisque ingenium in promptu[3] habere. Nam regibus boni quam mali suspectiores[4] sunt, semperque iis aliena virtus formidulosa[5] est. Sed civitas incredibile memoratu[6]

5 est adepta[7] libertate quantum brevi creverit: tanta cupido gloriae incesserat.

Iam primum[8] iuventus, simul ac[9] belli patiens[10] erat, in castris per laborem usum[11] militiae[12] discebat, magisque in decoris[13] armis et militaribus equis quam in scortis[14]

10 atque conviviis lubidinem habebant. Igitur talibus viris non labor insolitus[15], non locus ullus asper[16] aut arduŏs erat, non armatus hostis formidulosus[5]: virtus omnia domuerat. Sed gloriae maximum certamen inter ipsos erat: se quisque hostem ferire[17], murum ascendere, conspici,

15 dum tale facinus[18] faceret, properabat. Eas divitias, eam bonam famam magnamque nobilitatem putabant. Laudis avidi[19], pecuniae liberales[20] erant; gloriam ingentem[21], divitias honestas[22] volebant. (…)

Igitur domi militiaeque boni mores colebantur; concor-

20 dia maxuma, minuma avaritia erat; ius bonumque apud eos non legibus magis quam natura valebat. Iurgia[23], discordias, simultates[24] cum hostibus exercebant, cives cum civibus de virtute certabant. In suppliciis[25] deorum magnifici, domi[26] parci[27], in amicos fideles erant. Duabus

25 his artibus – audacia in bello, ubi pax evenerat, aequi-tate[28] – seque remque publicam curabant.

---

1 quisque … coepere: *auf* quisque »jeder« *kann ein Prädikat im Plural* (coepere) *folgen* – **2 extollere:** herausheben – **3 in promptu habere:** offen zeigen – **4 suspectus:** verdächtig – **5 formidulosus:** Furcht erregend – **6 incredibilis memoratu est:** es ist unglaublich – **7 adeptus:** *hier mit passiver Bedeutung*

8 iam primum: gleich – **9 simul ac:** sobald – **10 patiens +** *Gen.:* fähig *etw.* auszuhalten – **11 usus:** Ausübung – **12 militia:** Kriegskunst – **13 decorus:** geschmückt – **14 scortum:** Prostituierte – **15 insolitus:** ungewohnt – **16 asper/arduŏs:** zu rau/zu steil – **17 ferire:** schlagen – **18 facinus:** Tat – **19 avidus:** begierig – **20 liberalis:** großzügig – **21 ingens:** in riesigem Ausmaß – **22 honestus, a, um:** *hier:* nur soweit ehrenhaft erworben

23 iurgium: Beschimpfung – **24 simultas, atis** *f.:* Feindschaft – **25 supplicium:** öffentliches Opfer – **26 domi:** *hier:* im Privaten – **27 parcus:** sparsam – **28 aequitas, atis** *f.:* Ausgewogen-heit, (maßvolle) Gerechtigkeit

Quarum rerum ego maxuma documenta[29] haec habeo[30],

quod[31] in bello saepius[32] vindicatum est[33]

in eos,

30   qui contra imperium[34] in hostem pugnaverant

quique tardius revocati[35] proelio excesserant,

quam qui[36] signa relinquere[37] aut pulsi loco cedere ausi

erant:

in pace vero quod[31] beneficiis magis quam metu impe-

35   rium agitabant et accepta iniuria ignoscere quam per-

sequi malebant.

1   Gliedern Sie den Text in Abschnitte, geben Sie ihnen Überschriften und geben Sie den Inhalt in eigenen Worten kurz wieder.

2   Arbeiten Sie heraus, wie Sallust die Republik charakterisiert. Nennen Sie in jedem Abschnitt wichtige Schlüsselbegriffe.

3   Weisen Sie nach, dass Sallust die Republik in idealisierter Form darstellt.

K   gloria

Der Begriff der *gloria* (»Ruhm«) spielt in dem vorhergehenden Textabschnitt eine besondere Rolle. Für die männliche römische Oberschicht war die *gloria* der zentrale Wert, an dem sie ihr Handeln orientierte: Erreichen konnte man Ruhm durch Erfolge im öffentlichen Leben – einmal durch eine politische Karriere im Rahmen der römischen Ämterlaufbahn, zum anderen durch militärische Erfolge im Kriegsdienst. Dieses Streben nach *gloria* führte zu einer ausgeprägten gesellschaftlichen Konkurrenz der vornehmen Bürger untereinander und dürfte ein wesentlicher Grund für die militärische Expansion Roms in der Zeit der Republik gewesen sein. Die zu Lebzeiten erworbene *gloria* führte weiter zu *memoria* nach dem Tode, d. h. die Nachfahren erinnerten sich noch lange an den Ruhm der verstorbenen Vorfahren. So sollte die *gloria* der Vorfahren die noch Lebenden zu ruhmreichen Taten – v. a. innerhalb der politisch führenden Familien – anspornen.

3. Die Wende (10,1–6) (B)

Der ideale Zustand der frühen Republik währt nicht ewig.

Ubi labore atque iustitia res publica crevit,

reges magni bello domiti[1],

nationes ferae[2] et populi ingentes vi subacti[1],

Carthago aemula[3] imperi Romani ab stirpe[4] interiit,

5   cuncta maria terraeque patebant[5],

saevire[6] fortuna ac miscere[7] omnia coepit.

Qui[8] labores, pericula, dubias[9] atque asperas res facile tole-
raverant, iis[8] otium divitiaeque, optanda alias[10], oneri[11]
miseriaeque fuere.

10   Igitur primo pecuniae, deinde imperii cupido crevit; ea[12]
quasi materies[13] omnium malorum fuere. Namque avaritia fidem, probitatem[14] ceterasque artīs bonas subvortit[15];
pro[16] his superbiam, crudelitatem, deos neglegere, omnia
venalia[17] habere edocuit[18].

15   Ambitio[19] multos mortalīs falsos fieri subegit,

aliud clausum in pectore, aliud in lingua promptum[20]
habere,

amicitias inimicitiasque non ex re[21], sed ex commodo
aestumare,

20   magisque voltum quam ingenium bonum habere. Haec
primo paulatim crescere[22], interdum vindicari[23];

post, ubi contagio[24] quasi pestilentia[25] invasit, civitas
inmutata[26], imperium ex iustissumo atque optumo cru-
dele intolerandumque factum[26].

1 **domiti, subacti:** *erg.* <sunt> –
2 **ferus:** wild – 3 **aemula:**
Konkurrentin – 4 **ab stirpe:**
völlig – 5 **patere:** offen zugänglich
sein – 6 **saevire:** wüten –
7 **miscere:** durcheinander bringen

8 **Qui … iis:** *ordnen Sie:* iis,
qui – 9 **dubius:** gefährlich –
10 **optanda alias:** sonst wün-
schenswerte Dinge – 11 **oneri
miseriaeque fuere** (esse +
doppelter Dativ): etwa »wurden
zu; entpuppten sich als«. – 12 **ea**
n. Pl.: dies – 13 **materies:** Urstoff;
Quelle – 14 **probitas,** atis *f.:*
Rechtschaffenheit – 15 **subvortere,
-vorto, -vorti:** zerstören – 16 **pro
his:** stattdessen – 17 **venalis:**
käuflich – 18 **edocere:** lehren
(*Subj. ist* avaritia) – 19 **ambitio:**
Ehrgeiz – 20 **promptus:** offen –
21 **ex re … aestumare:** nicht
nach dem wahren Wert, sondern
nach dem Nutzen zu bewerten –
22 **crescere, vindicari:** *hist.
Infinitiv* – 23 **vindicare:** bestrafen –
24 **contagio,** onis *f.:* Ansteckung –
25 **pestilentia:** Pest – 26 **inmutata,
factum:** *erg.* <est>

1 Suchen Sie aus dem Text Substantive heraus, die Eigenschaften/Verhaltensweisen ausdrücken. Unterteilen Sie diese in gute und schlechte.

2 Arbeiten Sie heraus, wie sich die Republik laut Sallust mit der Zeit verändert hat.

3 Erläutern Sie, wie Sallust die Veränderung begründet.

4 Analysieren Sie, durch welche sprachlich-stilistischen Mittel Sallust den Wandel ausdrückt.

5 Vergleichen Sie Sallusts Darstellung mit den Punkten, die die historische Forschung für die Krise der späten Republik nennt (s. S. 22 f.).

K Rom gegen Karthago – die Folgen der Punischen Kriege

Karthago war im 9. oder 8. Jahrhundert v. Chr. gegründet worden und entwickelte sich allmählich zu einer bedeutenden Handelsmacht im Mittelmeer mit Kolonien an der afrikanischen und spanischen Küste sowie auf den Inseln im westlichen Mittelmeer (u. a. auf Sizilien). Im 4. und 3. Jahrhundert v. Chr. war Karthago zur reichsten Stadt des Mittelmeerraums und damit zum größten wirtschaftlichen Konkurrenten Roms geworden.

Ruinen von punischen Wohnhäusern

Damit war ein Konflikt vorprogrammiert: Es entbrannten drei lange Kriege, die sogenannten Punischen Kriege (zwischen 264 und 146 v. Chr.), in denen Karthago besiegt und zerstört wurde. Damit war Rom die neue Vormacht im westlichen Mittelmeerraum. Allerdings verursachten u. a. die Punischen Kriege große wirtschaftliche und politische Veränderungen in Italien: Der ständige Militärdienst sowie die karthagischen Verwüstungen v. a. im Süden Italiens führten zu einer Landflucht der Kleinbauern nach Rom, die dort als Tagelöhner dienten, während die reiche Oberschicht durch wachsenden Großgrundbesitz die Landwirtschaft für sich monopolisierte. Von der blühenden Kriegsindustrie profitierte der Handel treibende Stand der »Ritter« *(equites)*, der zudem in den neu erworbenen Provinzen für die Steuereinnahmen zuständig war und sich so weitere Reichtümer erwarb. Die Folge war eine zunehmende soziale Spaltung der römischen Gesellschaft und politische Instabilität, die sich in den Jahren 133–27 v. Chr., im sogenannten Jahrhundert der Bürgerkriege, entlud.

4. Die Krise der späten Republik

1 Arbeiten Sie aus dem Text von Karl Christ die Folgen der Punischen Kriege für die gesellschaftliche und innenpolitische Entwicklung Roms heraus.

Karl Christ: Krise und Untergang der römischen Republik.

Gehen wir von der Wirtschaftsstruktur aus, so bleibt in der frühen Republik eine weitgehende agrarische Selbstversorgung, die Subsistenzwirtschaft, vorherrschend. Der Anteil der Sklaven an der Produktion ist gering, kennzeichnend vielmehr die sogenannte patriarchalische Form der Sklaverei, das heißt die Integration einzelner Sklaven in die Hauswirtschaft. Der Radius des Handels war in der Regel beschränkt, Ansätze der Geldwirtschaft treten erst seit dem Ende des 4. Jahrhunderts v. Chr. und zunächst in sehr rudimentären Formen auf. (…)

Die späte Republik weist in diesen Feldern dagegen völlig verschiedene Strukturen auf. (…) Einerseits nahm nun die Weidewirtschaft beträchtlich zu, andererseits dehnten sich die Zellen der »Villenwirtschaft« immer weiter aus, damit eine durch Spezialisierung und Rationalisierung überlegene, marktbezogene Wirtschaftsform, in der sich die alte Führungsschicht deswegen besonders stark engagieren konnte, weil ihr dafür sowohl die notwendigen Kapitalien als auch die erforderlichen Arbeitskräfte zur Verfügung standen.

Denn erst jetzt kann man in einzelnen Regionen Siziliens, Unteritaliens und Etruriens von einer »Sklavenhalterwirtschaft« in dem Sinne sprechen, dass auf den großen Weideflächen Dutzende, in den einzelnen Landgütern ebenfalls jeweils bis zu 2 oder 3 Dutzend Sklaven eingesetzt wurden. Tausende von Kriegsgefangenen und ein systematisch organisierter Sklavenmarkt erhöhten fortlaufend die Gesamtzahl der im Produktionsprozess befindlichen Sklaven, wobei freilich im agrarischen Sektor, im Handwerk und bei den Haussklaven jeweils völlig verschiedenartige Arbeitsbedingungen bestanden.

Im Bereich der Wirtschaft kommen zur Zeit der späten Republik noch zwei weitere, neue Faktoren hinzu: Einmal verdichtete sich nun die Verflechtung der italischen Wirtschaft in jene des gesamtmediterranen Wirtschaftsraumes in zunehmendem Maße, zum andern wurde die Eigengesetzlichkeit der voll entwickelten Geldwirtschaft mit den Möglichkeiten der Kapitalkonzentration und des Zinswuchers rasch fühlbar. Neue, wirtschaftlich aktive Gruppen kristallisierten sich heraus, zugleich boten Kriegführung und Provinzialverwaltung den Angehörigen der römischen Führungsschicht die Möglichkeit zur Beschaffung jener beträchtlichen Geldmittel, ohne die eine politische Karriere in Rom jetzt in der Regel nicht mehr möglich war.

Auch für die Bereiche der äußeren Machtbildung, der äußeren Politik und der Organisation des römischen Imperiums ist ein starker Kontrast in den Erscheinungsformen der frühen und der späten Republik festzustellen. Bis zum 2. Punischen Krieg waren Italien und dessen unmittelbares Vorfeld mit dem römischen Machtbereich identisch. (…) Im 2. und 1. Jahrhundert v. Chr. hatte Rom nun den Preis für sein immer weiter ausgedehntes Engagement zu bezahlen. (…) Rom musste schließlich weite Territorien in die unmittelbare Provinzialverwaltung übernehmen, eine administrative und politische Aufgabe, die mit dem Instrumentarium eines immer noch aristokratisch geführten Stadtstaates nicht mehr zu lösen war. Der rasche Wechsel der Statthalter verhinderte kontinuierliche Planungen ebenso wie die Konsolidierung und Effizienz der Verwaltung, die in den Provinzen lange Zeit ganz offen lediglich die *praedia,* die Ausbeutungsobjekte des römischen Volkes, sprich seiner führenden Schicht, sah. (…)

Die machtpolitisch vielleicht auf den ersten Blick so imponierende Ausweitung der römischen Herrschaft im 2. und 1. Jahrhundert v. Chr. darf zudem nicht den Blick dafür verstellen, welche Belastungen, Konsequenzen und Rückwirkungen sich hieraus für die alte staatstragende Schicht der freien römischen Vollbürger, das heißt der Kleinbauern und Handwerker, ergaben. Nicht die großen, massierten Feldzüge im hellenistischen Osten oder in Nordafrika, sondern die jahre-, ja jahrzehntelangen Einsätze in Spanien haben das italische Bauerntum paralysiert, waren doch schon allein die längere Abwesenheit, Krankheit oder schwerere Verwundung des Eigentümers eines Kleinbetriebes häufig identisch mit dem Ruin seines Besitzes. (…)

Kontinuität und Radien des militärischen Einsatzes zogen in der Zeit der späten Republik auch eine tiefgreifende Veränderung der Heeresverfassung nach sich, diese wiederum eine solche der gesamten politischen Struktur. Hatte sich die römische Armee bisher aus einer Bürgermiliz rekrutiert, die von meist alljährlich wechselnden Kommandeuren befehligt wurde, so forderten die militärischen Aufgaben des 2. und 1. Jahrhunderts v. Chr. längerfristig dienende Verbände, damit die Erweiterung der Rekrutierungsbasis in der römischen Gesellschaft, ebenso wie die Übertragung langfristiger Befehlsgewalt an militärische Experten oder an Politiker, von denen eine Mobilisierung der Verbündeten auf dem speziellen Kriegsschauplatz zu erhoffen war. (…) Den Inhabern der großen Heereskommandos wuchsen in den längerfristig dienenden Verbänden »Heeresgefolgschaften« zu. In der Praxis erhielt die Beziehung des Soldaten zu »seinem« Feldherrn, der sich auch um seine Versorgung zu kümmern hatte, Vorrang gegenüber den traditionellen Bindungen an den alten Patron seiner Heimat, Vorrang erst recht gegenüber den abstrakten und unpersönlichen Bindungen an Senat und Volk, Staat und Republik. Der politische Einsatz – und Missbrauch – der Heeresklientel musste schon deshalb unumgänglich werden, weil diese existentiell begründet war. In dieser Heeresklientel zeichnete sich damit auch jener Machtfaktor ab, der über das Schicksal der Republik entscheiden sollte.

Der Kontrast zwischen früher und später Republik muss deshalb so stark betont werden, weil, rein äußerlich betrachtet, in Verfassungsnormen und Rechtskategorien die Kontinuität überwiegt. Noch immer lag die Souveränität dieser Republik theoretisch bei allen freien Bürgern, waren die Funktionen des Senats, die Kompetenzen der Volksversammlung, Namen und Aufgaben der Magistrate dieselben geblieben.

(aus: Karl Christ: Krise und Untergang der römischen Republik, Darmstadt 62008, S. 2-6,
© Wissenschaftliche Buchgesellschaft)

5. Der völlige moralische Niedergang (11,1–8) (A)

Mit den Punischen Kriegen und der Ausdehnung der Macht des römischen Reiches hatte der Verfall begonnen. Und es geht weiter bergab.

Sed primo magis ambitio[1] quam avaritia

animos hominum exercebat[2],

quod tamen vitium propius[3] virtutem erat.

Nam gloriam, honorem, imperium

5 bonus et ignavus[4] aeque[5] sibi exoptant;

sed ille vera via nititur[6], huic[7] quia bonae artes desunt,

dolis[8] atque fallaciis[9] contendit.

Avaritia pecuniae studium habet[10], quam nemo sapiens

concupivit: ea quasi venenis[11] malis inbuta[12] corpus ani-

10 mumque virilem effeminat[13],

semper infinita[14], insatiabilis[15] est,

neque copia neque inopia minuitur[16].

Sed postquam L. Sulla

armis recepta[17] re publica

15 bonis initiis malos eventus[18] habuit,

rapere[19] omnes, omnes trahere[20],

domum alius, alius agros cupere,

neque modum neque modestiam victores habere,

foeda crudeliaque in civis facinora facere.

20 Huc[21] accedebat, quod L. Sulla exercitum,

quem in Asia ductaverat[22],

quo[23] sibi fidum faceret, contra morem maiorum luxu-

riose nimisque liberaliter habuerat[24].

Loca amoena, voluptaria[25] facile in otio

25 ferocīs militum animos molliverant[26]. Ibi primum insue-

vit[27] exercitus populi Romani amare, potare[28], signa[29],

tabulas pictas, vasa caelata mirari,

ea privatim[30] et publice rapere, delubra[31] spoliare,

---

1 ambitio: Ehrgeiz – **2 exercere:** *hier:* antreiben – **3 propius** + *Akk.:* näher an – **4 ignavus:** der Untüchtige – **5 aeque:** gleichermaßen – **6 niti:** (es) anstreben – **7 huic ... contendit:** *Lesen Sie so:* hic, quia <ei> bonae artes desunt, dolis atque fallaciis contendit – **8 dolus:** List – **9 fallacia:** Betrug

10 habere: bestehen in – **11 venenum:** Gift – **12 inbutus:** getränkt – **13 effeminare:** verweichlichen – **14 infinitus:** grenzenlos – **15 insatiabilis:** unersättlich – **16 minuere:** verringern

17 recipere, -cipio, -cepi, -ceptum: an sich reißen – **18 eventus, us** *m.:* Ende – **19 rapere, trahere ...:** *hist. Inf.* – **20 trahere:** *hier:* plündern

21 huc accedebat, quod: es kam hinzu, dass – **22 ductare:** befehligen – **23 quo ... faceret:** um seine Treue zu sichern – **24 habere:** *hier:* behandeln – **25 loca amoena, voluptaria:** liebliche, genussreiche Landschaften – **26 mollire:** verweichlichen – **27 insuescere:** sich gewöhnen an – **28 potare:** saufen – **29 signa, tabulae pictae, vasa caelata:** Statuen, Gemälde, ziselierte Gefäße – **30 privatim et publice:** aus Privathäusern und öffentlichen Gebäuden – **31 delubrum:** Heiligtum

---

Abl. abs.; Substantivierung (bonus »der Gute«) – deesse; sapiens; copia; otium; mos maiorum

sacra profanaque omnia polluere[32].

30 Igitur ii milites, postquam victoriam adepti sunt, nihil[33] reliqui victis fecere. Quippe[34] secundae res[35] sapientium animos fatigant[36]: ne[37] illi corruptis moribus victoriae temperarent[38].

32 polluere: beschmutzen; schänden – **33 nihil reliqui facere:** nichts übrig lassen – **34 quippe:** ja sogar; freilich – **35 secundae res:** Glück – **36 fatigare:** schwach machen – **37 ne … temperarent:** wie hätten da …? – **38 temperare:** Maß halten in

1 Erläutern Sie, wie Sallust in Z. 1–12 die weitere Entwicklung begründet. Nennen Sie die lateinischen Schlüsselwörter.

2 Suchen Sie aus dem zweiten Absatz (ab Z. 13) alle Wendungen zum Thema »Maßlosigkeit« heraus.

3 Erläutern Sie den Gedankengang des Textabschnitts.

4 Erstellen Sie ein Schaubild, das zeigt, wie Sallust die Entwicklung des römischen Staates von der Gründung bis in die hier genannte Zeit darstellt. Heben Sie wichtige Einschnitte hervor und nennen Sie Schlüsselbegriffe.

5 Erläutern Sie, inwiefern man Sallusts Darstellung der Geschichte auch als Dekadenz-Modell bezeichnen kann.

K Bürgerkriege und Herrschaft Sullas

Im Text erwähnt Sallust die Herrschaft des Politikers und Feldherrn Lucius Cornelius Sulla, der in der ersten Hälfte des 1. Jhs. v. Chr. eine wichtige Rolle in der römischen Geschichte spielte: Nach einem Massaker an zehntausenden Römern in Kleinasien wurde der Patrizier Sulla vom Senat mit dem Oberbefehl über das Heer beauftragt, um dort Krieg zu führen. Allerdings entzog ihm das Volk den Oberbefehl wieder und übertrug ihn auf den popularen Politiker Marius. Sulla eroberte daraufhin Rom und stellte die Senatsherrschaft wieder her. Als Sulla nach Kleinasien zum Feldzug reiste, errichtete Marius in Rom ein diktatorisches Regime gegen die Anhänger der Senatspartei, starb aber plötzlich 86 v. Chr.; Sulla wiederum errang in Kleinasien Siege und erbeutete große Reichtümer, die den im Text angesprochenen Luxus in Rom anheizten. Als Sulla wieder in Rom war, errichtete er eine senatsfreundliche Diktatur und bekämpfte die popularen Marius-Anhänger mit Todeslisten: Wer auf diesen Listen stand, konnte straffrei getötet werden, was mehrere tausend Opfer forderte.

K Dekadenz

Dekadenz (von lat. *dē* + *cadere* »nieder + fallen«) bezeichnet in der Geschichtsphilosophie die Vorstellung von einer steten moralischen Verschlechterung im Geschichtsprozess. Alternativ gibt es die optimistischere Vorstellung von einem ständigen Fortschritt in der Geschichte.

6. Die Republik nach Sulla – hemmungsloser Reichtum (12,1–13,5) (C)

Unter dem mächtigen Diktator Sulla wurden die Zustände immer schlimmer.

Postquam divitiae honori[1] esse coeperunt

et eas gloria, imperium, potentia sequebatur, hebescere[2]

virtus, paupertas probro haberi[3], innocentia[4] pro male-

volentia[5] duci[6] coepit.

5 Igitur ex divitiis iuventutem luxuria et avaritia cum super-

bia invasere[7]: rapere[8], consumere, sua parvi pendere[9],

aliena cupere,

pudorem, pudicitiam, divina atque humana promiscua[10],

nihil[11] pensi neque moderati habere.

10 Operae pretium est[12], quom[13] domos atque villas cogno-

veris in urbium modum exaedificatas[14], visere templa

deorum, quae nostri maiores, religiosissumi mortales,

fecere[15]. Verum illi[16] delubra[17] deorum pietate, domos

suas gloria decorabant[18], neque victis quicquam praeter

15 iniuriae licentiam eripiebant.

At hi[19] contra[20], ignavissimi[21] homines,

per summum scelus omnia ea sociis adimere[22],

quae fortissimi viri victores[23] reliquerant:

proinde quasi[24] iniuriam facere

20 id demum[25] esset[26] imperio uti.

Nam quid[27] ea memorem[28], quae nisi eis, qui videre,

nemini credibilia sunt, a privatis compluribus subvorsos[29]

montes, maria constrata[30] esse? Quibus mihi videntur

ludibrio fuisse[31] divitiae: quippe[32] quas honeste habere

25 licebat, abuti[33] per turpitudinem properabant. Sed lubido

stupri[34], ganeae[35] ceterique cultus[36] non minor incesse-

rat[37]: viri muliebria[38] pati[39], mulieres pudicitiam[40] in

propatulo habere; vescendi[41] causa terra marique omnia

---

1 honori esse: Ehre bringen –
2 hebescere: erlahmen –**3 probro haberi:** als Schande gelten –
4 innocentia: Uneigennützigkeit –
5 malevolentia: Böswilligkeit –
6 ducere pro + *Abl.:* für *etw.*
halten – **7 invasere** = invaserunt – **8 rapere ... habere:** *hist. Infinitive –* **9 parvi pendere:** gering schätzen – **10 promiscua (habere):** für austauschbar halten – **11 nihil ... habere:** kannten in nichts Rücksicht und Maß

12 operae pretium est + *Inf.:* es ist der Mühe wert – **13 quom** = cum – **14 exaedificare:** ausbauen – **15 fecere** = fecerunt – **16 illi:** *gemeint sind die Vorfahren –* **17 delubrum:** Tempel – **18 decorare:** schmücken – **19 hi:** *Gegensatz zu* illi; *gemeint sind die Menschen in späterer Zeit –* **20 contra:** hingegen – **21 ignavus:** nichtsnutzig – **22 adimere:** wegnehmen, rauben; *hist. Infinitiv –* **23 victores:** als Sieger – **24 proinde quasi:** so als ob – **25 demum:** erst – **26 esse:** bedeuten – **27 quid?:** weshalb? – **28 memorare:** erwähnen; *hat zwei Objekte:* 1. ea, quae / 2. AcI subvorsos ... esse: *schließen Sie diesen an mit* nämlich dass – **29 subvortere, -vorto, -vorti, -vorsum:** abtragen – **30 consternere, -sterno, -stravi, -stratum:** überbauen –**31 ludibrio esse:** zum Spiel dienen – **32 quippe:** denn – **33 abuti:** missbrauchen – **34 stuprum:** Hurerei – **35 ganea:** Schlemmerei – **36 cultus, us:** überzogener Lebensstil – **37 non minor incedere:** in nicht geringem Maße einreißen – **38 muliebria:** Weibisches *(d. h. sexuelle Praktiken, die sonst Frauen erdulden, Homosexualität)*

---

26 | Deponentien; historischer Infinitiv – avaritia; luxuria; licentia; uti; licet

exquirere[42]; dormire prius, quam somni cupido esset;
30 non famem aut sitim, neque frigus neque lassitudinem[43]
opperiri[44], sed ea omnia luxu antecapere[45]. Haec iuventutem, ubi familiares[46] opes defecerant, ad facinora incen-
debant; animus inbutus[47] malis artibus haud facile lubi-
dinibus carebat. Eo profusius[48] omnibus modis quaestui[49]
35 atque sumptui[50] deditus erat.

39 pati etc.: *hist. Inf.* – **40 pudici-tiam … habere:** Prostitu-iertendienste anbieten – **41 vesci:** speisen – **42 exquirere:** durch-suchen – **43 lassitudo,** inis *f.:* Müdigkeit – **44 opperiri:** erwarten – **45 antecapere:** vorwegnehmen; vorzeitig herbeiführen – **46 familiaris:** der Familie – **47 inbutus** + *Abl.:* durchtränkt von *etw.* – **48 eo profusius:** umso maßloser – **49 quaestus,** us: Gelderwerb – **50 sumptus,** us: Geldausgeben

1 Arbeiten Sie aus dem Text Substantive heraus, die Eigenschaften/Verhaltensweisen ausdrücken. Unterteilen Sie diese in gute und schlechte.

2 Gliedern Sie den Text und geben Sie den Abschnitten Überschriften.

3 Erläutern Sie die Folgen des zunehmenden Reichtums.

4 Analysieren Sie, mithilfe welcher sprachlich-stilistischen Mittel Sallust die Folgen des Reichtums plastisch darstellt.

K pudor und pudicitia

pudor meint einmal die Scheu bzw. Scham vor negativen Dingen wie einem schlechten Ruf, dann auch das Ehrgefühl als positive Eigenschaft einer Person, woraus wiederum ein guter Ruf oder Ehre resultieren können.

pudicita ist teilweise synonym mit *pudor,* aber in der Bedeutung etwas eingeschränkter und bezeichnet nur die Keusch- und Schamhaftigkeit als positive Eigenschaft.

Wandgemälde aus Pompeji: Gelageszene. (© akg-images)

Die Verschwörer: Catilina und seine Anhänger

1. Catilinas Freundeskreis (14,1–7) (C)

Im Anschluss an den historischen Exkurs nimmt Sallust Catilinas Anhänger genauer unter die Lupe:

In tanta tamque conrupta civitate Catilina,

id quod factu facillumum[1] erat,

omnium flagitiorum[2] atque facinorum circum se

tamquam stipatorum[3] catervas[4] habebat. Nam

5 – quicumque[5] inpudicus, adulter, ganeo manu, ventre,

pene bona patria laceraverat,

– quique alienum aes grande conflaverat[6], quo flagitium

aut facinus redimeret[7],

– praeterea omnes undique parricidae[8], sacrilegi[9],

10 convicti[10] iudiciis aut pro factis iudicium timentes,

– ad hoc[11], quos manus atque lingua

– periurio[12] aut sanguine civili alebat,

– postremo omnes, quos flagitium, egestas, conscius ani-

mus exagitabat,

15 ii Catilinae proxumi familiaresque erant.

Quod si[13] quis etiam a culpa vacuus in amicitiam[14] eius

inciderat[15], cotidiano usu[16] atque inlecebris[17] facile par

similisque ceteris efficiebatur.

Sed maxume adulescentium familiaritates[18] adpetebat:

20 eorum animi molles etiam et fluxi[19] dolis haud difficulter

capiebantur.

Nam ut[20] quoiusque[21] studium ex aetate flagrabat[22],

aliis scorta[23] praebere[24], aliis canes atque equos mercari[25];

postremo neque sumptui neque modestiae suae parcere[26],

25 dum[27] illos obnoxios fidosque sibi faceret. Scio fuisse non-

nullos, qui ita existumarent iuventutem, quae domum

1 facile factu: leicht zu tun –
2 omnium flagitiorum:
erg. <catervas> – **3 stipatus:**
Gefolgsmann – **4 caterva:** Schar –
5 quicumque … laceraverat:
jeder Lüstling, Ehebrecher oder
Freund teurer Speisen, der
das Erbe seines Vaters durch
Gewalt, Völlerei oder mit Sex
verschleudert hatte – **6 conflare:**
aufhäufen – **7 redimere** + *Akk.:*
sich loskaufen von *(d. h. Prozesse
durch einen Vergleich beenden)* –
8 parricida, ae *m.:* Vatermörder –
9 sacrilegus: Tempelräuber –
**10 convincere, -vinco, -vici,
-victum:** überführen – **11 ad
hoc:** außerdem – **12 periurium:**
Meineid

13 quod si: wenn aber – **etiam:**
noch – **14 in amicitiam eius:**
unter seine Freunde – **15 incidere:**
zufällig hineingeraten – **16 usus,
us:** Umgang – **17 inlecebrae:**
Verlockungen – **18 familiaritas,
atis** *f.:* Freundschaft – **19 fluxus:**
formbar – **20 ut:** je nachdem,
wie – **21 quoiusque** = cuius-
que: eines jeden – **22 flagrare:**
lodern – **23 scortum:** Prostituierte – **24 praebere:** zur Verfügung
stellen, *hist. Inf.* – **25 mercari:**
kaufen, *hist. Inf.* – **26 parcere** +
Dat.: sich zurückhalten mit, *hist.
Inf.* – **27 dum:** solange, wenn nur

Periodenbau; AcI – flagitium; facinus; iudicium; culpa; esse (als Vollverb)

Catilinae frequentabat[28], parum[29] honeste pudicitiam habuisse; sed ex aliis rebus magis, quam[30] quod quoiquam id conpertum foret, haec fama valebat.

28 **frequentare:** häufig aufsuchen – 29 **parum honeste pudicitiam habere:** es mit Ehre und Keuschheit nicht so genau nehmen – 30 **quam … conpertum foret:** als dass es jemand sicher wüsste

1 Beschreiben Sie die beiden Bilder. Erschließen Sie, welche Leute Catilina anzieht.

2 Arbeiten Sie aus dem Text heraus, wer sich Catilina anschließt und aus welchen Gründen. Nennen Sie entsprechende lateinische Begriffe.

3 Nennen Sie die stilistischen Mittel, mit denen Sallust Catilinas Freundeskreis charakterisiert, und erläutern Sie ihre Wirkung.

4 Erläutern Sie, wie Sallust im Text mit der Präsentation von sicheren und unsicheren Informationen bewusste Leserlenkung betreibt.

Foto: Karramba Produktion

Foto: Ferrarifun.de

2. Catilinas Jugend (15,1–16,3) (B)

Über Catilinas Jugend weiß Sallust weitere Details zu berichten:

Iam primum adulescens Catilina multa nefanda[1] stupra[2] fecerat, cum virgine nobili, cum sacerdote Vestae[3], alia huiusce modi[4] contra ius fasque. Postremo captus[5] amore Aureliae Orestillae,

5 quoius praeter formam nihil umquam bonus[6] laudavit, quod[7] ea nubere[8] illi dubitabat timens privignum[9] adulta[10] aetate,

pro certo creditur[11] necato filio vacuam domum scelestis nuptiis[12] fecisse.

10 Quae quidem res mihi in primis videtur causa fuisse facinus[13] maturandi[14]. Namque animus inpurus, dis hominibusque infestus[15], neque vigiliis neque quietibus sedari[16] poterat: ita conscientia mentem excitam[17] vastabat[18]. Igitur colos exsanguis[19], foedi oculi, citus modo, modo tardus

15 incessus[20]: prorsus[21] in facie voltuque vecordia[22] inerat. Sed iuventutem, quam (…) inlexerat[23], multis modis mala facinora edocebat. Ex illis testis signatoresque[24] falsos commodare[25]; fidem, fortunas, pericula vilia habere[26]; post, ubi eorum famam atque pudorem adtriverat[27],

20 maiora alia imperabat.

Si causa peccandi in praesens[28] minus suppetebat[29], nihilo[30] minus insontīs sicuti sontīs circumvenire, iugulare: scilicet, ne per otium torpescerent[31] manus aut animus, gratuito[32] potius malus atque crudelis erat.

1 nefandus: frevelhaft – **2 stuprum:** Hurerei – **3 cum sacerdote Vestae:** *Vesta-Priesterinnen waren zur Keuschheit verpflichtet; im folgenden Prozess wurden jedoch beide (die Vestalin Fabia und Catilina) freigesprochen* – **4 huiusce modi:** dieser Art – **5 captus:** *erg.* <est> – **6 bonus:** ein anständiger Mensch – **7 quod:** und weil *(erläutert folgenden HS)* – **8 nubere** + *Dat.:* heiraten – **9 privignum:** Stiefsohn *(von Catilinas erster Frau)* – **10 adultus:** erwachsen – **11 pro certo creditur** + *NcI:* man hält es für gewiss, dass er – **12 scelestis nuptiis:** *Dat. commodi:* für … – **13 facinus:** *d. h. die geplante Verschwörung zur Machtübernahme* – **14 maturare:** beschleunigen – **15 infestus:** feindlich – **16 sedare:** beruhigen – **17 excitus:** erregt– **18 vastare:** zerrütten – **19 exsanguis:** blutleer – **20 incessus, us:** Gang – **21 prorsus:** kurz gesagt – **22 vecordia:** Wahnsinn – **23 inlicere, -licio, -lexi, -lectum:** anlocken – **24 signator:** Testamentszeuge *(der mit einem Siegel das Testament bezeugt)* – **25 commodare:** zur Verfügung stellen; *hist. Inf.* – **26 vilia habere:** gering schätzen; *hist. Inf.* – **27 adterere, -tero, -trivi:** aufreiben; ruinieren – **28 in praesens:** für den Augenblick – **29 minus suppetere:** nicht vorhanden sein – **30 nihilo minus … iugulare:** bedrohte er trotzdem Unschuldige wie Schuldige und ließ sie ermorden – **31 torpescere:** schlaff werden – **32 gratuito:** ohne Grund

1 Gliedern Sie den Text und geben Sie den einzelnen Abschnitten Überschriften.

2 Arbeiten Sie aus dem Text heraus, wie Sallust Catilina hier darstellt.

3 Nennen Sie die sprachlich-stilistischen Mittel, mit denen Sallust Catilinas Eigenschaften beschreibt, und erläutern Sie ihre Wirkung.

4 Fassen Sie zusammen, was der Leser bisher über Catilina und seine Anhänger erfahren hat.

5 Erläutern Sie, wie Sallust im Text mit der Präsentation von sicheren und unsicheren Informationen bewusste Leserlenkung betreibt.

6 Analysieren Sie, wie Sallust das Thema der Catilinarischen Verschwörung darstellt. Beziehen Sie auch den geschichtlichen Exkurs in Ihre Überlegungen mit ein.

K   Vestakult in Rom

Der Tempel der Vesta stand an prominenter Stelle, auf dem Forum Romanum. Im Tempel befanden sich ein ewig brennendes Feuer als Zeichen des Staatswohls und das Palladium, d. h. eine kleine Kultstatue der Athene/ Minerva, die den Schutz für die Stadt Rom garantierte. Der Tempel wich durch seine runde Form von allen anderen römischen Tempeln stark ab. Zusätzlich herausgehoben war der Kultbezirk durch das *Atrium Vestae*, d. h. die geräumigen Wohn- und Amtsgebäude für die Vestalinnen und ihre Bediensteten.

Vesta-Tempel in Rom
Foto: Tobias Helfrich

Die Vestalinnen waren die für den Vestakult zuständigen sechs Priesterinnen, die als einzige Frauen im männlich dominierten Staatskult Roms tätig waren. Ausgewählt wurden sie als Kinder von sechs bis zehn Jahren und blieben dann 30 Jahre lang für den Kult zuständig. Die Vestalinnen repräsentierten in ihrer Person die römische *res publica*, auch in ihrer körperlichen Unversehrtheit. Daraus folgte das Gebot der Jungfräulichkeit dieser Priesterinnen: Eine Verletzung der Jungfräulichkeit wurde mit einer Beeinträchtigung von Roms Unversehrtheit gleichgesetzt und als schlechtes Götterzeichen *(prodigium)* gedeutet. Daher musste es auch mit einem religiösen Ritual gesühnt werden: Wenn eine Vestalin ihre Jungfräulichkeit verloren hatte, wurde sie innerhalb der Stadtmauern Roms lebendig unter Zugabe von Nahrung in einer Erdgrube eingemauert. Dieses Ritual galt zwar als Strafe, vermied aber eine direkte Tötung.

Der Vestatempel durfte nur von den Vestalinnen betreten werden. Daher wusste niemand in Rom genau, was sich darin eigentlich befand und was die Vestalinnen wirklich taten. Aus diesem Grunde waren die jungfräulichen Vestalinnen immer mit einer Aura des Geheimnisses umgeben, die viel Anlass zu Fantasien und Spekulationen bot.

Der Beginn der Verschwörung

1. Was hat Catilina vor? (16,4–5) (B)

Im Jahr 64 v. Chr. scheint Catilina die Gelegenheit günstig, um an die Macht zu kommen.

His amicis sociisque confisus[1]

Catilina,

    simul[2] quod aes alienum per omnis terras ingens erat

    et quod plerique Sullani milites[3],

5   largius[4] suo[5] usi,

    rapinarum[6] et victoriae veteris memores

    civile bellum exoptabant,

opprimundae rei publicae consilium cepit.

In Italia nullus exercitus, Cn. Pompeius[7] in extremis ter-

10 ris bellum gerebat; ipsi[8] consulatum petenti magna spes,

senatus nihil[9] sane intentus: tutae tranquillaeque[10] res

omnes, sed ea prorsus[11] opportuna Catilinae.

1 confisus: im Vertrauen auf – **2 simul:** zugleich – **3 Sullani milites:** *in Italien sind ca. 120.000 Veteranen aus Sullas Armee angesiedelt worden* – **4 largius:** zu verschwenderisch – **5 suum:** Besitz – **6 rapina:** Raub

7 Cn. Pompeius (Magnus): *106–48, war aufgrund eines Sonderkommandos und den vielen ihm unterstellten Legionen auch innenpolitisch ein Machtfaktor; in den Jahren 66–63 v. Chr. führte er Krieg gegen Mithridates VI. von Pontos (am Schwarzen Meer)* – **8 ipsi:** *gemeint ist Catilina* – **9 nihil sane intentus:** überhaupt nicht wachsam – **10 tranquillus:** ruhig – **11 prorsus:** durchaus; ganz und gar

1   a) Erläutern Sie, wie Catilina die Macht im Staat erlangen will. – b) Erläutern Sie anhand des Informationstextes, wofür ein Bewerber Unterstützer benötigt.

2   a) Analysieren Sie, wie Sallust Catilinas Bewerbung darstellt: Welche Informationen gibt Sallust? – b) Erläutern Sie, welche Schlüsse der Leser ziehen soll: Was passiert, wenn Catilina an der Macht ist?

3   Erläutern Sie, wie der Plan in der Darstellung Sallusts wirkt.

Bewerbung um das Konsulat

In republikanischer Zeit gelangte man durch Volkswahl in die höchsten Staatsämter. Zuständig für die höheren Magistraturen wie das Konsulat waren die Zenturiatskomitien, d. h. eine Form der Volksversammlung, in der die verschiedenen Vermögensgruppen des *populus Romanus* eigene Wahlgruppen (Zenturien) bildeten.

Wer sich für ein Amt bewerben wollte, musste bestimmte Voraussetzungen erfüllen wie etwa im Falle des Konsulats ein Mindestalter von 43 Jahren sowie die vorherige Ausübung niedrigerer Ämter des *cursus honorum*. Die Bewerber meldeten sich offiziell bei den Wahlleitern als *candidati* (»Kandidaten«) an. Die Bezeichnung *candidatus* (< *candidus* »weiß«) kommt von der ursprünglich weißen Kleidung der Kandidaten, die die Reinheit des Bewerbers symbolisierte.

Im anschließenden Wahlkampf versuchten die verschiedenen Bewerber so viele stimmberechtigte Personen wie möglich für sich zu gewinnen, was im 1. Jh. v. Chr. nicht selten durch Bestechung bzw. das Versprechen von Wahlgeschenken vor sich ging. Viele Bewerber, die aus vornehmen und einflussreichen Familien stammten, konnten zudem ihre Klienten mobilisieren, die natürlich für ihre Patrone stimmten. Da alle wichtigen Ämter des *cursus honorum* jedes Jahr neu gewählt werden mussten, herrschte fast ständig Wahlkampf.

Die Abstimmung selbst bei den Zenturiatskomitien lief nach einem festgelegten Ritual auf dem Marsfeld außerhalb der Stadtmauern von Rom ab: Alle wahlberechtigten Bürger waren nach der Größe ihres Vermögens in insgesamt 193 Zenturien eingeteilt, die nacheinander abstimmten. Innerhalb der Zenturien musste eine Mehrheit für einen Kandidaten festgestellt werden, so dass anschließend diese Zenturie eine von 193 Stimmen bildete. In den zuerst abstimmenden Zenturien waren die reichen Bürger, in den zuletzt abstimmenden die ärmeren Bürger zusammengefasst. Da die ersten Zenturien nur jeweils wenige Bürger umfassten, besaß dort jeder einzelne Bürger ein viel größeres Stimmrecht als in den um ein vielfaches größeren letzten Zenturien. Sobald sich eine Zenturienmehrheit für einen Kandidaten ergeben hatte, wurde die Wahl beendet, so dass die letzten Zenturien mit den ärmsten Bürgern nie abstimmen konnten.

Insgesamt bevorzugte das römische Wahlsystem der Republik trotz einiger demokratischer Elemente in jeder Hinsicht die wohlhabenden Bürger und schloss die besitzlosen Bürger trotz theoretischem Stimmrecht von der politischen Mitbestimmung aus.

2. Die Versammlung der Verschwörer: Catilinas Rede (20,2–8) (C)

Sallust berichtet ausführlich von einem konspirativen Treffen zwischen Catilina und seinen Anhängern. Er nennt viele Verschwörer beim Namen – bekannte Römer aus dem Senatoren- und Ritterstand – und gibt dann Catilinas Rede wieder:

Ni virtus fidesque vostra spectata[1] mihi forent, nequi-

quam[2] opportuna res cecidisset[3];

spes magna, dominatio in manibus frustra fuissent,

neque ego

5   per[4] ignaviam aut vana ingenia

incerta[5] pro certis captarem[6].

Sed quia multis et magnis tempestatibus vos cognovi for-

tis fidosque mihi, eo[7] animus ausus est maximum atque

pulcherrumum facinus incipere, simul quia

10 vobis eadem[8] quae mihi bona malaque esse intellexi.

Nam idem velle atque idem nolle, ea[9] demum[10] firma

amicitia est.

Sed ego quae mente agitavi, omnes iam antea divorsi[11]

audistis. Ceterum[12] mihi in dies[13] magis animus adcen-

15 ditur, quom[14] considero, quae condicio vitae futura sit[15],

nisi nosmet[16] ipsi vindicamus[17] in libertatem.

Nam postquam res publica in[18] paucorum potentium ius

atque dicionem concessit,

semper illis reges, tetrarchae[19] vectigales esse[20],

20 populi, nationes stipendia pendēre[21];

ceteri omnes[22] – strenui, boni, nobiles atque ignobiles –

volgus[23] fuimus[24] sine gratia[25], sine auctoritate[26],

iis obnoxii[27],

quibus, si res publica valeret, formidini essemus[28]. Itaque

25 omnis gratia, potentia, honos, divitiae apud illos sunt aut

ubi illi volunt; nobis reliquere pericula[29], repulsas[30], iudi-

cia[31], egestatem.

1 spectatus: bekannt – **2 nequiquam:** vergeblich – **3 cadere:** *hier:* eintreten – **4 per … ingenia:** gestützt auf Feigheit und unzuverlässige Leute – **5 incerta pro certis:** Ungewisses anstatt von Sicherem – **6 captare** + *Akk.:* greifen nach *etw.*

7 eo: deswegen – **8 eadem quae mihi:** dasselbe wie für mich – **9 ea:** das *(nimmt* velle *und* nolle *wieder auf)* – **10 demum:** erst

11 divorsus: jeder einzeln – **12 ceterum:** nun aber – **13 in dies magis:** von Tag zu Tag mehr – **14 quom** = cum – **15 futura sit:** es geben wird – **16 -met:** *verstärkend, muss nicht übersetzt werden* – **17 se in libertatem vindicare:** sich befreien – **18 in paucorum … concessit:** (der Staat) in die völlige Gewalt einiger weniger Machthaber geraten ist – **19 tetrarcha:** Fürst – **20 vectigalis esse:** steuerpflichtig sein; *hist. Inf.* – **21 stipendia pendere:** Tribut zahlen; *hist. Inf.* – **22 ceteri omnes:** wir Übrigen – **23 volgus:** Pöbel, rechtloses Volk – **24 fuimus:** wir wurden – **25 gratia:** Ansehen *(aufgrund von Wohltaten)* – **26 auctoritas,** atis *f.:* Einfluss *(durch Ämter in der Politik)* – **27 obnoxius:** unterworfen – **28 formidini esse** + *Dat.:* jdm. Angst machen – **29 periculum:** Feindschaft – **30 repulsa:** Wahlniederlage – **31 iudicium:** Gerichtsprozess

Irrealis; Substantivierung (bonus »der Gute«) – audere; idem; velle; nolle; libertas

1 Gliedern Sie den Redeabschnitt, benennen Sie die Redeteile und fassen Sie den Inhalt kurz in eigenen Worten zusammen.

2 Analysieren Sie, wie Catilina seine Zuhörer anspricht.

3 Benennen Sie das Ziel, das Catilina in seiner Rede formuliert.

4 Arbeiten Sie heraus, wie Catilina die gesellschaftlichen Zustände charakterisiert. – b) Vergleichen Sie dieses Bild mit Ihrem Wissen über die gesellschaftlichen Zustände der Zeit (vgl. S. 22 f.).

5 Diskutieren Sie, inwieweit Catilinas Forderung nach einer Änderung der Zustände berechtigt ist. Beziehen Sie Ihr Wissen über die gesellschaftlichen Zustände (vgl. S. 22 f.) und Sallusts Charakterisierung des Redners und seiner Zuhörer in Ihre Überlegungen mit ein.

K Aufbau einer Rede

Öffentliche Reden, die in Rom gehalten wurden, folgten meist einem bestimmten Schema oder sie enthielten zumindest feste Elemente, deren Reihenfolge natürlich je nach Anlass variiert werden konnte:
- *exordium*: Einstieg in das Thema, häufig mit einer *captatio benevolentiae*, d.h. einem Kompliment an die Zuhörer, um sie positiv für sich einzunehmen
- *narratio*: Schilderung eines/des Sachverhaltes, um den es geht
- *argumentatio*: Vorbringen von Argumenten für oder gegen eine Entscheidung
- *conclusio*: Abschlussvotum des Redners, meist mit einem Aufruf an die Zuhörer

Auch in den literarischen Texten der Antike wie Geschichtsschreibung oder Epos sind die eingeschobenen Reden meist nach diesem Muster bzw. mit diesen Elementen ausgestaltet. Allerdings sind die Reden der Geschichtsschreibung prinzipiell fiktiv, d. h. sie geben sicher oft den Gedankengang der Originalrede wieder, allerdings niemals den genauen Wortlaut. Die Originalreden wären auch viel zu lang gewesen und hätten von daher in einer kleinen Schrift wie der *Catilinarischen Verschwörung* keinen Platz gehabt.

S Irrealis

Konjunktiv Imperfekt und Plusquamperfekt drücken in lateinischen (und deutschen) Konditionalsätzen den Irrealis der Gegenwart und der Vergangenheit aus:

Irrealis der Gegenwart: *nisi virtus cognita esset, res opportuna non esset.*
→ »Wenn eure Tapferkeit nicht bekannt wäre, wäre die Lage nicht günstig.«

Irrealis der Vergangenheit: *nisi virtus cognita fuisset, res opportuna non fuisset.*
→ »Wenn eure Tapferkeit nicht bekannt gewesen wäre, wäre die Lage nicht günstig gewesen.«

Wie im Deutschen können auch im Lateinischen die beiden Zeitstufen Gegenwart und Vergangenheit in einer Konditionalperiode vermischt sein.

Die Versammlung der Verschwörer: Catilinas Rede (20,9–17) (A-B)

Nachdem Catilina die ungerechten Zustände beschrieben hat, ruft er seine Anhänger zum Handeln auf.

Quae quo[1] usque tandem patiemini, o fortissumi viri?

Nonne emori per virtutem praestat[2],

quam vitam miseram atque inhonestam,

ubi alienae superbiae ludibrio[3] fueris,

5   per dedecus amittere?

Verum[4] enim vero, pro[5] deum[6] atque hominum fidem,

victoria in manu nobis est: viget[7] aetas, animus valet;

contra[8] illis annis[9] atque divitiis omnia consenuerunt[10].

Tantummodo incepto opus est, cetera[11] res expediet. Ete-

10   nim quis mortalium,

      quoi virile ingenium est,

  tolerare potest

  illis divitias superare[12],

      quas profundant[13]

15   in exstruendo[14] mari et montibus coaequandis[15],

  nobis rem familiarem etiam ad necessaria deesse?

  Illos binas[16] aut amplius domos continuare[17],

  nobis larem familiarem[18] nusquam[19] ullum esse?

  Quom tabulas[20], signa, toreumata emunt,

20   nova diruunt[21], alia aedificant,

  postremo omnibus modis pecuniam trahunt[22], vexant,

  tamen summa lubidine divitias suas vincere nequeunt[23].

  At nobis est domi inopia, foris[24] aes alienum,

  mala res, spes[25] multo asperior: denique quid reliqui habe-

25   mus praeter miseram animam?

  Quin[26] igitur expergiscimini[27]?

  En[28] illa, illa, quam saepe optastis[29], libertas,

  praeterea divitiae, decus, gloria in oculis sita sunt; fortuna

---

1 quo usque tandem: wie lange denn noch …? *(die Formulierung erinnert an den Beginn von Ciceros 1. Catilinarischer Rede)* – **2 praestat** + *Inf.*: es ist besser – **3 ludibrio esse:** zum Gespött werden – **4 verum enim vero:** aber wirklich – **5 pro:** bei – **6 deum** = deorum – **7 vigere:** in voller Kraft stehen – **8 contra:** dagegen – **9 annis atque divitiis:** aufgrund des Alters und des Reichtums – **10 consenescere, consenesco, consenui:** alt und schwach werden – **11 cetera res expediet:** das Übrige wird sich durch die Situation ergeben (wörtl.: »die Situation wird das Übrige ermöglichen«)

12 superare: im Überfluss zur Verfügung stehen – **13 profundere:** vergießen; verschwenden – **14 exstruere:** zubauen – **15 coaequare:** einebnen – **16 bini:** jeweils zwei – **17 continuare:** aneinander bauen – **18 lar familiaris:** Hausgott *(Schutzgott von Haus und Familie)* – **19 nusquam:** nirgends – **20 tabula, signum, toreumata:** Gemälde, Standbild, (verzierte) Metallgefäße – **21 diruere:** niederreißen – **22 trahere/vexare:** verschleudern; verschwenden – **23 nequire:** nicht können – **24 foris:** draußen – **25 spes:** *hier:* Zukunft

26 quin: warum nicht – **27 expergisci:** aufwachen – **28 en:** seht! – **29 optastis** = optavistis

omnia ea victoribus praemia posuit[30].

30 Res, tempus, pericula, egestas, belli spolia[31] magnifica

magis quam oratio mea vos hortantur.

Vel imperatore vel milite me utimini[32]!

Neque animus neque corpus a vobis aberit.

Haec ipsa, ut spero, vobiscum una[33] consul[34] agam, nisi

35 forte me animus fallit et vos servire[35] magis quam impe-

rare parati estis.

30 praemia ponere: als Belohnung aussetzen – **31 spolia** *n. Pl.*: Beute – **32 uti:** *hier mit doppeltem Abl.: jdn.* einsetzen als – **33 una cum:** zusammen mit – **34 consul:** wenn ich Konsul bin – **35 servire:** dienen

1 Gliedern Sie den zweiten Teil von Catilinas Rede und geben Sie den jeweiligen Abschnitten passende Überschriften.

2 a) Arbeiten Sie heraus, wie Catilina die gesellschaftliche Spaltung darstellt (Z. 10 f.). – b) Vergleichen Sie mit Sallusts Beschreibung in Kapitel 13 (S. 26 f.).

3 Arbeiten Sie heraus, mit welchen Argumenten Catilina seine Anhänger zum Handeln aufruft.

4 Arbeiten Sie die typisch römischen Werte heraus, mit denen Catilina argumentiert, und deuten Sie, was sein Bezug auf diese Werte bewirkt.

5 Analysieren Sie, mit welchen stilistischen Mitteln Catilina seine Rede gestaltet, und erläutern Sie ihre Wirkung.

6 a) Informieren Sie sich über die gesellschaftliche Situation in Rom (vgl. S. 22 f.) – b) Versetzen Sie sich in die Lage eines Betroffenen: Welche Probleme haben Sie? Was würden Sie ändern? – c) Erarbeiten Sie selbst eine kurze Rede, mit der Sie zur Revolution aufrufen.

S **Was bedeutet *res*? Mehrdeutige Wörter angemessen übersetzen**

Im Text taucht mehrmals das lateinische Substantiv *res* auf. Die Grundbedeutung ist »Sache«. Schlägt man im Wörterbuch nach, findet man allerdings eine ganze Bandbreite von Bedeutungen bzw. Übersetzungsmöglichkeiten, die sich je nach Kontext ergeben: »Besitz, Vermögen; Welt; Lage, Verhältnisse, Situation; Hinsicht, Beziehung; Staat; Ursache …«; zusammen mit Adjektiven kann man *res* sogar pronominal übersetzen: *bona res* »etwas Gutes«. Suchen Sie für die Beispiele im Text jeweils passende Übersetzungen von *res*.

3. Die Versammlung der Verschwörer: Der Schwur (22,1–3) (C)

Nach seiner Rede schließt Catilina das Treffen mit einer symbolträchtigen Handlung.

Fuere[1] ea tempestate, qui dicerent

Catilinam oratione habita,

    quom ad ius iurandum[2] popularīs[3] sceleris sui adigeret[4],

humani corporis sanguinem vino permixtum[5]

5 in pateris[6] circumtulisse[7];

    inde[8] quom post exsecrationem[9]

omnes degustavissent[10],

      sicuti in sollemnibus sacris[11] fieri consuevit,

aperuisse consilium suom,

10 atque eo[12] dicationem[13] fecisse,

    quo[12] inter se fidi magis forent

alius alii[14] tanti facinoris conscii.

Nonnulli ficta[15] et haec et multa praeterea existumabant

ab iis, qui Ciceronis invidiam[16], quae postea orta est,

15 leniri[17] credebant atrocitate[18] sceleris eorum, qui poenas

dederant[19]. Nobis ea res pro magnitudine parum conperta

est[20].

---

1 fuere … qui dicerent + AcI: es gab … Leute, die erzählten – **2 ius iurandum:** Schwur – **3 popularis:** *hier:* Gefährte – **4 adigere:** drängen – **5 permixtus:** vermischt – **6 patera:** Schale – **7 circumferre,** -fero, -tuli, -latum: herumgeben; herumgehen lassen – **8 inde:** daraus – **9 exsecratio,** onis *f.:* Schwur – **10 degustare:** kosten – **11 sollemnia sacra:** feierliche Opferhandlungen – **12 eo …, quo:** deswegen …, weil dadurch umso … – **13 dicatio,** onis *f.:* feierliche Aufnahme *(in den Kreis der Verschwörer)* – **14 alius alii … conscii:** weil jeder gegenüber dem anderen Mitwisser … war

15 ficta … existumare: für erfunden halten – **16 invidia Ciceronis:** böse Vorwürfe gegen Cicero *(Cicero musste später wegen der Hinrichtung der Catilinarier ins Exil)* – **17 lenire:** mildern – **18 atrocitas, atis** *f.:* Abscheulichkeit – **19 poenas dare:** bestraft werden – **20 parum conperta:** zu wenig zuverlässig/erwiesen

---

1   Gliedern Sie den Text und fassen Sie die einzelnen Abschnitte in eigenen Worten kurz zusammen.

2   Beschreiben Sie die Atmosphäre des Schwurs.

3   Sallust arbeitet gern mit Darstellungstechniken, die an einen Schauerroman erinnern: Weisen Sie dies im Text nach.

4   Erläutern Sie, wie Sallust im Text mit der Präsentation von sicheren und unsicheren Informationen bewusste Leserlenkung betreibt.

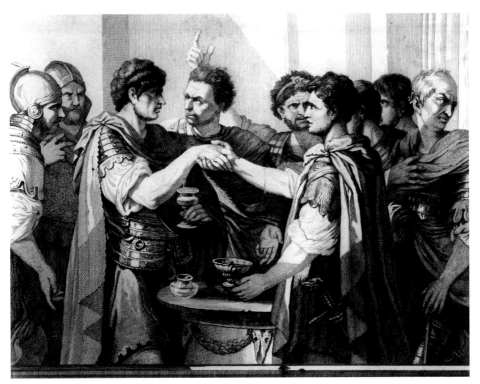

Der Schwur der Catilinarier. Radierung von Fortune de Fournier (1798–1864) nach dem Gemälde von Salvator Rosa (1615–1673). (© akg-images)

S indirekte Rede im Lateinischen und Deutschen

In indirekter Rede werden im Lateinischen ursprüngliche Hauptsätze als AcI und die Nebensätze im Konjunktiv ausgedrückt. In der deutschen Übersetzung wird beides einfach durch Konjunktive wiedergegeben:

Fuerunt, qui dicerent	Es gab Leute, die behaupteten,
Catilinam,	dass Catilina,
cum populares <u>adigeret</u>,	als er seine Spießgesellen <u>versammelt habe</u>,
humanum sanguinem <u>circumtulisse</u>.	menschliches Blut <u>herumgereicht habe</u>.
Inde,	Darauf <u>habe</u> er,
cum omnes <u>degustavissent</u>,	nachdem alle davon <u>probiert hätten</u>,
<eum> <u>aperuisse</u> consilium suum.	seinen Plan <u>eröffnet</u>.

Im ersten Beispielsatz ist *adigeret* Konjunktiv Imperfekt und damit von der zeitlichen Logik her gleichzeitig zu *circumtulisse*: Im Deutschen muss man hier trotzdem den vorzeitig klingenden Konjunktiv Perfekt *(versammelt habe)* verwenden, damit die Vergangenheitsbedeutung klar wird; eine mögliche Alternative wäre hier auch der Indikativ *versammelte*, der zwar die Gleichzeitigkeit, aber nicht die indirekte Rede wiedergibt.

4. Catilinas Scheitern: Die Wahl Ciceros (23,1–6) (B)

Die Verschwörung bleibt nicht lange geheim:

Sed in ea coniuratione fuit Q. Curius, natus haud[1] obscuro loco, flagitiis atque facinoribus coopertus[2], quem censores[3] senatu probri[4] gratia moverant.

Huic homini non minor vanitas[5] inerat quam audacia:

5 neque reticere[6], quae audierat,

neque suamet[7] ipse scelera occultare[8],

prorsus[9] neque dicere neque facere

quicquam pensi habebat[10].

Erat ei cum Fulvia, muliere nobili, stupri[11] vetus consue-

10 tudo. Cui cum minus gratus[12] esset,

quia inopia minus largiri[13] poterat,

repente[14] glorians[15] maria montisque polliceri[16] coepit et

minari[17] interdum ferro,

ni sibi obnoxia[18] foret,

15 postremo ferocius agitare[19] quam solitus erat.

Fulvia hat den Grund für sein Benehmen herausgefunden und erzählt der ganzen Stadt von der geplanten Verschwörung.

Ea res in primis[20] studia hominum adcendit[21] ad consu-

latum mandandum[22] M. Tullio Ciceroni.

Namque antea pleraque[23] nobilitas invidiā aestuabat[24]

et quasi pollui[25] consulatum credebant, si eum (quamvis

20 egregius[26]) homo novus adeptus[27] foret. Sed ubi periculum

advenit, invidia atque superbia post fuere[28].

---

1 haud obscuro loco: von nicht unbedeutender Herkunft – **2 coopertus:** befleckt mit – **3 censores:** *Die Zensoren hatten das Recht, unwürdige Mitglieder aus dem Senat auszuschließen* – **4 probrum:** schändliches Verhalten; Unzüchtigkeit; Ehebruch – **5 vanitas:** Prahlerei – **6 reticere:** verschweigen; schweigen über – **7 suamet:** seine eigenen – **8 occultare:** verheimlichen – **9 prosus:** kurz gesagt – **10 quicquam pensi habere** + *Inf.:* sich nicht scheuen, *etw. zu tun* – **11 stupri consuetudo:** Liebesverhältnis – **12 gratus:** willkommen – **13 largiri:** schenken – **14 repente:** plötzlich – **15 gloriari:** prahlen – **16 polliceri:** versprechen – **17 minari:** (be)drohen – **18 obnoxius:** gehorsam – **19 agitare:** sich benehmen

20 in primis: vor allem – **21 adcendere:** entflammen – **22 mandare:** anvertrauen – **23 plerusque:** der größte Teil – **24 aestuare:** kochen – **25 polluere:** beschmutzen – **26 quamvis egregius:** auch wenn er noch so hervorragend ist – **27 adipisci, adipiscor, adeptus sum:** erlangen – **28 post esse:** in den Hintergrund treten

Dativus possessivus; Deponentien – natus; inopia; interdum; solere; invidia

1 Sammeln Sie aus dem Text Begriffe zu moralischem/unmoralischem Verhalten.

2 Weisen Sie nach, wie laut Sallust der schlechte Charakter der Verschwörer den Plan zu Fall bringt.

3 Analysieren Sie, wie die Wahl Ciceros bei Sallust dargestellt ist.

4 Sallust hat die Chronologie der Ereignisse geändert (→ Informationstext). Erläutern Sie, was diese Änderung bewirkt a) in Bezug auf die Darstellung Catilinas – b) in Bezug auf die Darstellung Ciceros.

K homo novus

Als *homo novus* bezeichnete man im antiken Rom Politiker, die als erstes Mitglied ihrer Familie *(gens)* in den Senat oder andere höhere politische Ämter (z. B. Konsulat) aufgestiegen waren. Es handelte sich in der Praxis um Angehörige des Plebejer- oder Ritterstandes, die wiederum häufig nicht der stadtrömischen Nobilität angehörten, sondern wie z. B. Cicero oder Sallust aus der Provinz stammten.

Cicero-Büste, Kapitolinische Museen

K Der chronologische Ablauf der Ereignisse und die Darstellung bei Sallust

Catilina hatte sich schon mehrfach um das Konsulat bewerben wollen; wegen eines noch laufenden Prozesses wegen Amtsmissbrauch und Ausbeutung der Provinz Afrika wurde er in den Jahren 66 und 65 v. Chr. jedoch nicht als Bewerber zugelassen. Im Jahr 64 v. Chr. trat er schließlich an, unterlag jedoch Cicero, der stattdessen als Konsul für das Jahr 63 gewählt wurde. Catilina gab noch nicht auf und versuchte es im folgenden Jahr erneut; doch im Juli 63 scheiterte er wieder bei den Konsulatswahlen für das Jahr 62. Erst dieses Scheitern ist historisch gesehen der Auslöser für die Catilinarische Verschwörung: Die Catilinarier trafen sich zu einer geheimen Unterredung und schmiedeten Pläne zum gewaltsamen Umsturz.

Sallust hingegen ändert in seinem Bericht die Chronologie. Er verlegt den Beginn der Verschwörung um ca. 13 Monate nach vorn, noch vor die Wahl von Cicero zum Konsul: In den Kapiteln 17–23 berichtet Sallust ausführlich von dem geheimen Treffen der Verschwörer. Die Pläne gelangen durch Fulvia in die Öffentlichkeit – in der unsicheren Stimmung wird Cicero zum Konsul gewählt.

5. Sempronia – eine ungewöhnliche Frau (25,1–5) (A)

Catilinas Scheitern bei den Konsulatswahlen für das Jahr 63 führt zu einer weiteren Radikalisierung. Er wirbt zusätzliche Leute an, darunter auch Frauen. Eine von ihnen ist Sempronia:

Sed in iis erat Sempronia, quae multa saepe virilis audaciae

facinora conmiserat.

Haec mulier genere atque forma, praeterea viro et liberis

satis fortunata[1] fuit; litteris Graecis et Latinis docta[2], psal-

5 lere[3] et saltare[3] elegantius quam necesse est probae, multa

alia[4], quae[5] instrumenta luxuriae sunt.

Sed ei cariora semper omnia quam decus atque pudicitia

fuit; pecuniae an famae minus parceret, haud facile discer-

neres[6]; lubido sic adcensa, ut saepius peteret viros quam

10 peteretur. Sed ea saepe antehac fidem prodiderat, creditum

abiuraverat[7], caedis conscia fuerat; luxuriā atque inopiā

praeceps[8] abierat. Verum ingenium eius haud absurdum[9]:

posse[10] versus[11] facere, iocum movere[12], sermone uti vel

modesto[13] vel molli[14] vel procaci[15]; prorsus[16] multae face-

15 tiae[17] multusque lepos[18] inerat.

1 **fortunatus** + *Abl.*: vom Schicksal begünstigt mit – 2 **docta:** *erg. Sie* <erat> – 3 **psallere/saltare:** <sie konnte> auf der Leier spielen *bzw.* zur Leier singen/tanzen – 4 **multa alia:** *erg. Sie* sie konnte – 5 **quae … sunt:** was zum Luxusleben dazugehört

6 **discerneres:** man hätte entscheiden können – 7 **creditum abiurare:** einen erhaltenen Kredit abstreiten – 8 **praeceps abire:** dem Sturz / Abgrund entgegeneilen – 9 **absurdus:** misstönend; schlecht – 10 **posse:** *hist. Inf.* – 11 **versus, us** *m.* – 12 **iocum movere:** Scherze machen – 13 **modestus:** zurückhaltend – 14 **mollis:** dezent, anständig – 15 **procax,** acis: ordinär – 16 **prorsus:** kurz gesagt – 17 **facetiae:** Witz – 18 **lepos,** oris *m.*: feiner Humor

1 Sammeln Sie aus dem Text Wörter zum Sachfeld »Verhaltensweisen und Charakter«.

2 a) Arbeiten Sie aus dem Text heraus, wie Sallust Sempronia charakterisiert. –
   b) Unterteilen Sie in nach Ihrer Einschätzung gute und schlechte Eigenschaften.

3 Beurteilen Sie Sempronia auf der Grundlage dessen, was sich für eine anständige römische Frau gehörte. Vergleichen Sie mit dem, was Plinius über seine Frau schreibt (s. S. 43).

4 Vergleichen Sie Sempronia mit Catilinas anderen Anhängern. Erläutern Sie, welche ihrer Charakterzüge Sallust implizit als Gründe für ihre Teilnahme an der Verschwörung sieht.

5 Analysieren Sie, durch welche stilistischen Mittel Sallust Sempronias Wesen besonders anschaulich zeichnet.

Substantivierung; Steigerung – facinus committere; doctus; probus; parcere; petere

K Die Rolle der adligen Frau

In der römischen Nobilität besaß die Ehefrau *(matrona)* eine wichtige und herausgehobene Funktion für die Führung des Haushaltes und die Regelung familiärer Angelegenheiten. Eine in vielen Grabinschriften adliger Frauen gepriesene Beschäftigung ist die Handarbeit wie Wolle spinnen und Kleider für den Ehemann anfertigen. Auch war die Frau in vielen Fällen durchaus literarisch und musisch gebildet. Allerdings gibt es bestimmte Verhaltensweisen der Sempronia, die eher typisch für eine Hetäre oder Schauspielerin sind als für eine römische Matrone, nämlich das Spiel auf der Leier und v. a. das Tanzen. Hetären und Schauspielerinnen gehörten zu den unehrenhaften Berufsgruppen, im weiteren Sinne zu den Prostituierten. Daher stellte eine Matrone solche Fähigkeiten zumindest nicht in der Öffentlichkeit zur Schau.

Plinius über seine dritte Frau Calpurnia (Plin. 4,19,2–6)

Sie besitzt einen sehr großen Scharfsinn und ist sehr sparsam; sie liebt mich, was ein Zeichen für Unverdorbenheit ist. Hinzu kommt ihr Interesse für Literatur, das sie aus Liebe zu mir gewonnen hat. Sie besitzt meine Schriften, liest sie eifrig und lernt sie sogar auswendig. (…) Wenn ich einmal rezitiere,

Frau mit Papyrusrolle, röm. Wandmalerei (© akg-images/MPortfolio/Electa)

sitzt sie auch in nächster Nähe hinter einem Vorhang verborgen und hört mit begierigen Ohren mein Lob. Meine Verse singt sie sogar und begleitet sie auf der Harfe, ohne von einem Künstler unterrichtet worden zu sein, sondern aus Liebe, die ja die beste Lehrmeisterin ist. Aus diesen Gründen hoffe ich ganz zuversichtlich, dass unsere Eintracht beständig ist und von Tag zu Tag zunehmen wird. Denn sie liebt nicht meine Jugend oder meine Gestalt, die ja vergeht und altert, sondern meinen Ruhm. Denn nichts anderes ziemt sich auch für ein Mädchen, das (…) in Deinem Umgang nichts anderes gesehen hat als Anstand und Ehrbarkeit (…).

(Plinius, Epistulae. Sämtliche Briefe Lateinisch/Deutsch. Übersetzt und hg. von H. Philips und Marion Giebel, Stuttgart, Reclam 2010, S. 285–287, © Philipp Reclam jun. GmbH & Co.KG, Stuttgart)

Umsturz und Revolution

1. Attentats- und Kriegspläne

Im Juli 63 trat Catilina zu den nächsten Konsulatswahlen erneut an; doch auch für das Jahr 62 wurde er nicht gewählt. Nun standen die Zeichen auf gewaltsamen Umsturz.

Oktober 63

Im Oktober des Jahres 63 liefen Catilinas Vorbereitungen für den Staatsstreich auf Hochtouren. Manlius, der unter Sulla gedient hatte, begann in Etrurien mit der Rekrutierung von Soldaten, um den militärischen Aufstand vorzubereiten. Ebenso wurden auch in anderen Gegenden Italiens Soldaten zum Kampf angeworben.

In Rom wollten die Verschwörer Brände legen und strategisch wichtige Punkte besetzen. All das sollte am 27. Oktober geschehen, am 28. Oktober sollten wichtige Senatoren, die Catilinas Plänen im Wege standen, ermordet werden.

Doch der Plan wurde von Fulvia an Cicero verraten. Cicero war zum Handeln gezwungen. Da er schon lange immer wieder gegen Catilina Stimmung gemacht hatte, nahm der Senat seine Warnungen nicht ernst. Ihm waren die Hände gebunden, solange er keine aussagekräftigen Beweise vorlegen konnte. Am 20. Oktober endlich kam er in den Besitz von anonymen Briefen, die seine Warnungen belegten. Daraufhin konnte er im Senat das *senatus consultum ultimum,* den Notstandsbeschluss, erwirken, der die Magistrate mit umfangreichen Vollmachten ausstattete. Die zuständigen Magistrate begannen mit der Aushebung von Truppen; die Städte in Italien wurden angewiesen, ihr Gebiet zu sichern.

November 63

Doch die Gefahr war nicht gebannt. Am 27. Oktober begann Manlius wie geplant mit dem Aufstand und Catilina schmiedete einen neuen Plan, Cicero ermorden zu lassen: Lucius Vargunteius und Gaius Cornelius sollten Cicero am 7. November aufsuchen, angeblich um ihm einen Morgenbesuch *(salutatio)* abzustatten und so ins Haus zu gelangen. Doch wieder wurde Cicero informiert, sodass der Plan im Morgengrauen fehlschlug.

Einen Eindruck von der Dramatik der Ereignisse vermittelt uns Robert Harris' Roman Titan, in dem Ciceros Sklave Tiro erzählt, wie er den Anschlag erlebt hat:

Es war kurz vor Morgengrauen. Wieder fing der Hund wie wild zu bellen an. Cicero sah mich mit erschöpften Augen an. Sein Gesicht war sehr angespannt.

»Schau nach«, sagte er.

Ich ging wieder aufs Dach und spähte vorsichtig über die Brüstung nach unten. Erst konnte ich nichts erkennen. Aber dann entdeckte ich Schatten auf der anderen Straßenseite, sie bewegten sich. (…)

Ich eilte wieder zu Cicero. Neben ihm stand mit gezücktem Schwert Quintus. Terentia umklammerte den Kerzenständer.

»Die Attentäter sind da«, sagte ich.

»Wie viele?«, fragte Quintus. »Zehn. Vielleicht Zwölf.«

Lautes Klopfen an der Vordertür.
Cicero fluchte. »Zwölf Männer, die wild entschlossen sind, ins Haus zu kommen, lassen sich nicht aufhalten.«
»Die Tür hält sie eine Zeit lang auf«, sagte Quintus. »Wenn sie es mit Feuer versuchen, dann wird es gefährlich.« »Ich gehe wieder aufs Dach«, sagte ich. (…)
Dann hörte ich ein Krachen und Stimmen von der Rückseite des Hauses. Eine weitere Gruppe versuchte, von hinten in das Gebäude einzudringen. Ich hatte das Dach halb überquert, als plötzlich eine wirbelnde Fackel über die Brüstung flog. Zischend schoss sie an meinem Ohr vorbei und knallte neben mir auf die Fliesen, wo das brennende Pech zerplatzte und in einem Dutzend kleiner lodernder Brocken über den Boden schlitterte. Ich rief die Treppe hinunter um Hilfe, packte dann einen schweren Teppich, zerrte ihn ächzend über die kleinen Feuer und trat die, die ich mit dem Teppich nicht gelöscht hatte, mit den Füßen aus. Die nächste Fackel zischte durch die Luft, krachte auf den Boden und zerbrach. Dann die nächste, dann noch eine. Das Dach, das aus alten Holzbalken und Terracottafliesen bestand, funkelte in der Dunkelheit wie ein Sternenteppich. Jetzt wusste ich, dass Quintus Recht hatte: Wenn das noch lange so weiterging, dann würden sie uns ausräuchern und Cicero draußen auf der Straße abschlachten.

(aus: Robert Harris, Titan, München 2009, Wilhelm Heyne Verlag, S. 215–216)

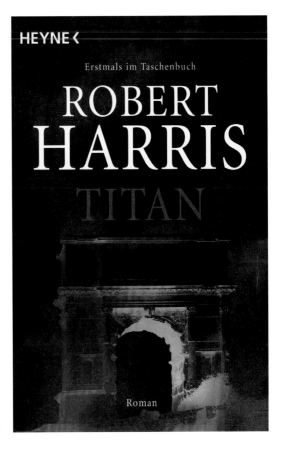

2. Die Stadt ist in Gefahr (31,1–6) (C)

Gleich am Morgen nach dem Attentat ruft Cicero den Senat im Tempel des Iuppiter Stator zusammen. Die Stimmung ist sehr angespannt und die Bevölkerung unruhig: Nachrichten über den bewaffneten Aufstand und Gerüchte über angeblich geplante Sklavenaufstände kursieren in der Stadt.

Quibus rebus permota civitas

atque inmutata urbis facies erat.

Ex summa laetitia atque lascivia[1], quae diuturna[2] quies[3]

pepererat, repente[4] omnīs tristitia invasit:

5 festinare[5], trepidare[6], neque loco neque homini cuiquam

satis credere[7], neque bellum gerere neque pacem habere,

suo[8] quisque metu pericula metiri.

Ad hoc[9] mulieres, quibus[10] rei publicae magnitudine belli

timor insolitus incesserat,

10 adflictare[11] sese,

manus suppliciis[12] ad caelum tendere,

miserari[13] parvos liberos,

rogitare[14] omnia, omni rumore pavere[15],

adripere[16] omnia, superbia atque deliciis[17] omissis sibi[18]

15 patriaeque diffidere.

At Catilinae crudelis animus eadem illa movebat, tametsi

praesidia[19] parabantur et ipse lege Plautia[20] interrogatus

erat ab L. Paulo.

Postremo, dissimulandi[21] causa aut sui expurgandi[22],

20 sicut[23] iurgio lacessitus foret, in senatum venit.

Tum M. Tullius consul,

sive praesentiam eius timens sive ira conmotus,

orationem habuit luculentam[24] atque utilem rei publicae,

quam postea scriptam edidit[25].

1 **lascivia:** Ausgelassenheit – 2 **diuturnus:** lang – 3 **quies:** Ruhe, Frieden – 4 **repente:** plötzlich – 5 **festinare:** eilen; *hist. Inf.* – 6 **trepidare:** Angst haben, ängstlich hasten – 7 **satis credere:** vertrauen – 8 **suo ... metiri:** ein jeder maß die Größe der Gefahr durch seine Angst – 9 **ad hoc:** außerdem – 10 **quibus ... incesserat:** die eine aufgrund der Macht des Staates ungewohnte Angst vor Krieg befallen hatte – 11 **se adflictare:** sich auf die Brust schlagen (*Ausdruck von Trauer*) – 12 **supplicium:** Gebet – 13 **miserari:** beklagen – 14 **rogitare:** immer wieder fragen nach *etw.* – 15 **pavere:** sich ängstigen – 16 **adripere omnia:** alles an sich reißen – 17 **deliciae:** Vergnügungen – 18 **sibi patriaeque diffidere:** verzweifeln an der eigenen Lage und der des Vaterlandes – 19 **praesidia:** Wachposten – 20 **lex Plautia:** *Das Gesetz verbietet unter Androhung der Todesstrafe die Bildung von Banden zum Zweck von Gewalttaten.* – 21 **dissimulare:** über seine Machenschaften hinwegtäuschen – 22 **expurgare:** rechtfertigen – 23 **sicut ... foret:** so als ob er zum Streit herausgefordert worden sei – 24 **luculentus:** gewichtig, glanzvoll – 25 **scriptum edere:** schriftlich herausgeben

Catilinas Versuch sich zu rechtfertigen schlägt fehl. Unter Schmähungen flieht er aus dem Senat.

1 Beschreiben Sie die Stimmung in Rom. Nennen Sie die entsprechenden lateinischen Wendungen.

2 Analysieren Sie, mit welchen stilistischen Mitteln Sallust die Atmosphäre plastisch beschreibt.

3 Arbeiten Sie heraus, wie Sallust das Erscheinen Catilinas im Senat und Ciceros Rede darstellt. Vergleichen Sie mit dem Bild von Maccari.

Cesare Maccari: Cicero beschuldigt Catilina (© akg-images/Album/Oronoz)

K Wo fanden Senatssitzungen statt?

Wenn der Senat tagte und gültige Beschlüsse fassen wollte, konnte er nur an sogenannten »inaugurierten«, d.h. von Priestern geweihten Orten innerhalb des Stadtgebiets von Rom zusammenkommen. Ein zentraler Versammlungsort dieser Art war die Curia Hostilia auf dem Forum; daneben dienten aber auch regelmäßig unterschiedliche Tempel als Ort von Senatssitzungen. Hier im Fall von Ciceros erster Catilinarischen Rede versammelten sich die Senatoren im Tempel des Jupiter Stator, der sich vermutlich an der Via Sacra auf dem Forum Romanum befunden hat. In solchen Tempeln wollte sich der Senat unter den besonderen Schutz der jeweiligen Gottheit stellen, so wie hier unter den des »(die Stadt) erhaltenden« *(stator)* Jupiter.

Der Zustand der römischen Gesellschaft

1. Umsturz liegt in der Luft! (36,5–37,10) (C)

Catilina hat die Stadt verlassen und wurde, ebenso wie Manlius, per Senatsbeschluss zum Staatsfeind erklärt. Dennoch bleibt die Situation kritisch, denn große Teile der Bevölkerung begrüßen Catilinas Pläne. Sallust nutzt die Gelegenheit, um auf den Zustand der Gesellschaft in Rom genauer einzugehen.

Namque duobus senati decretis[1] ex tanta multitudine[2]
neque praemio inductus coniurationem patefecerat[3]
neque ex castris Catilinae quisquam omnium discesserat:
tanta vis morbi atque uti[4] tabes plerosque civium animos
5   invaserat.

Neque solum illis aliena[5] mens erat, qui conscii coniuira-
tionis fuerant, sed omnino cuncta plebes novarum rerum
studio Catilinae incepta probabat. Id[6] adeo more suo videbatur facere.

10   Nam semper in civitate,
     quibus[7] opes nullae sunt,
bonis[8] invident, malos[8] extollunt[9],
vetera odere[10], nova exoptant,
odio[11] suarum rerum mutari omnia student,
15   turba atque seditionibus[12] sine cura aluntur,
     quoniam egestas facile habetur[13] sine damno[14].
Sed urbana[15] plebes, ea vero praeceps[16] erat de multis
causis. Primum omnium qui[17] ubique[18] probro[19] atque
petulantia[20] maxume praestabant,
20   item alii per dedecora patrimoniis[21] amissis,
postremo omnes,
quos flagitium aut facinus domo expulerat,
ii Romam sicut in sentinam[22] confluxerant[23].

1 duobus senati decretis: trotz zweier Senatsbeschlüsse – **2 ex tanta multitudine:** *gehört zu* quisquam, *dem Subjekt des Satzes;* multitudo *bezeichnet die Menge der Verschwörer* – **3 patefacere:** enthüllen – **4 uti tabes:** sozusagen eine Seuche

5 alienus: verblendet – **6 id … facere:** Eben dies zu tun, schien ihre Art zu sein. – **7 quibus =** ii, quibus – **8 boni/mali:** *hier:* Besitzende/Besitzlose – **9 extollere:** zum Vorbild erheben – **10 odere** = oderunt *von* odisse – **11 odium:** Unzufriedenheit – **12 seditio, onis** *f.:* Aufstand – **13 habetur:** kann man besitzen – **14 damnum:** (Sorge vor) Verlust (*des Besitzes*)

15 urbanus: großstädtisch – **16 praeceps:** *hier:* radikalisiert – **17 qui =** ii, qui – **18 ubique:** irgendwo – **19 probrum:** Schandtat – **20 petulantia:** Frechheit – **21 patrimonium:** geerbtes Land – **22 sentina:** Kloake – **23 confluere,** confluo, confluxi: zusammenfließen

Deinde multi memores[24] Sullanae victoriae,

25   quod ex gregariis militibus[25] alios senatores[26] videbant,

    alios ita divites[26],

        ut regio victu[27] atque cultu[27] aetatem agerent,

sibi quisque, si in armis foret, ex victoria talia sperabat.

Praeterea iuventus, quae in agris[28] manuum mercede[29]

30 inopiam toleraverat, privatis atque publicis largitionibus[30]

excita[31] urbanum otium ingrato labori praetulerat[32]. Eos

atque alios omnis malum publicum[33] alebat. Quo minus[34]

mirandum est homines egentis[35], malis moribus, maxuma

spe rei publicae iuxta[36] ac sibi consuluisse.

35 Praeterea, quorum[37] victoriā Sullae parentes proscripti[38],

bona erepta, ius libertatis[39] imminutum[40] erat, haud

sane alio animo belli eventum expectabant. Ad hoc qui-

cumque[41] aliarum atque senatus partium erant, contur-

bari[42] rem publicam quam minus valere ipsi malebant.

24 memores: *erg.* < sunt> –
25 gregarius miles: einfacher Soldat – **26 senatores/divites:** *erg.* factos esse – **27 regius victus/cultus:** königliche Ernährungsweise/Lebensstil – **28 in agris:** auf dem Land – **29 manuum mercede:** mit dem Lohn für ihrer Hände Arbeit – **30 largitio, onis** *f.*: Schenkung: *gemeint sind private Bestechungsgelder für Wählerstimmen und öffentliche Getreidezuteilungen* – **31 excitus:** angelockt – **32 praeferre, -fero, -tuli:** vorziehen – **33 malum publicum:** schlechter Zustand des Staates – **34 quominus:** umso weniger – **35 egens:** arm – **36 iuxta ac:** *hier:* ebenso wenig wie – **37 quorum** = ii, quorum … (parentes, bona, ius) – **38 proscribere:** ächten – **39 ius libertatis:** Freiheitsrecht; *dazu gehörte auch das Recht, sich auf ein Amt zu bewerben* – **40 imminuere:** einschränken – **41 quicumque … partium:** alle, die auf einer anderen Seite als der Senatspartei standen; *also die Popularen* – **42 conturbare:** in Unruhe versetzen, zerrütten

1   Vor der Übersetzung: Überlegen Sie, wer in Rom allgemein von einem Umsturz profitiert haben könnte.

2   a) Nennen Sie die Gruppen, die mit den revolutionären Plänen sympathisieren. –
    b) Charakterisieren Sie diese Gruppen. –
    c) Suchen Sie Gründe für ihre Unterstützung Catilinas: Was erwarten sie?

3   Analysieren Sie, wie Sallust die *plebs* darstellt.

K   Optimaten und Popularen

Für die Zeit der ausgehenden Republik unterscheidet man zwischen zwei politischen Richtungen in Rom: Die sogenannten »Optimaten« vertraten die Interessen der Senatorenschicht und deren Privilegien, während die »Popularen« zumindest vorgaben, sich für die Interessen der einfachen Plebejer einzusetzen (z. B. mit Versprechungen von Schuldenerlass oder Landzuweisungen). Eigentliche »Parteien« im modernen Sinne gab es im antiken Rom allerdings nicht.

2. Die Macht der Volkstribunen (38,1–4) (C)

Sulla hatte die Macht der Volkstribunen stark beschnitten. Unter Gnaeus Pompeius und Marcus Crassus wurde sie jedoch wieder hergestellt. Damit flammte der Kampf zwischen Popularen und Optimaten erneut auf.

Nam postquam Cn. Pompeio et M. Crasso consulibus[1]
tribunicia potestas[2] restituta est,
homines adulescentes[3] summam[4] potestatem nacti[5], quibus aetas animusque ferox[6] erat,
5 coepere[7] senatum criminando[8] plebem exagitare,
dein largiundo[9] atque pollicitando[10] magis incendere,
ita ipsi clari potentesque fieri.

Contra eos summa ope[11] nitebatur[12] pleraque nobilitas
senatūs specie[13] pro sua magnitudine.
10 Namque, uti[14] paucis[15] verum absolvam[16],
post illa tempora quicumque rem publicam agitavere[17],
honestis[18] nominibus,
(alii, sicuti[19] populi iura defenderent,
pars, quo[20] senatūs auctoritas maxima foret,)
15 bonum publicum simulantes[21]
pro sua quisque potentia certabant.
Neque illis modestia neque modus contentionis[22] erat:
utrique[23] victoriam crudeliter exercebant.

1 Cn. Pompeio et M. Crasso consulibus: *also 70 v. Chr.* – **2 tribunicia potestas:** Amtsgewalt der Volkstribunen – **3 adulescentes:** schon als junge Männer *(eigentlich gab es ein Mindestalter von 31 Jahren)* – **4 summa:** hier Elativ – **5 nancisci,** nanciscor, nactus sum: erlangen – **6 ferox:** wild; rücksichtslos – **7 coepere** = coeperunt – **8 criminari:** verunglimpfen – **9 largiri:** bestechen – **10 pollicitari:** versprechen

11 summa ope: mit größter Kraft – **12 niti:** sich stemmen – **13 senatūs specie:** dem Anschein nach für den Senat, in Wirklichkeit aber – **14 uti** = ut – **15 paucis:** *erg.* verbis – **16 verum absolvere:** die Wahrheit sagen – **17 rem publicam agitare:** den Staat in Unruhe versetzen – **18 honestis nominibus:** unter dem Deckmantel ehrenhafter Ziele – **19 sicuti:** so als ob – **20 quo:** damit – **21 simulare:** vortäuschen – **22 contentio,** onis *f.*: Streit; Kampf – **23 utrique** *Nom. Pl.*: beide Seiten

1 Vor der Übersetzung: Informieren Sie sich über das Volkstribunat. Erläutern Sie, inwiefern die Wiederherstellung der *tribunicia potestas* die innenpolitischen Konflikte verschärfte.

2 Arbeiten Sie heraus, wie Sallust die Wiederherstellung der *tribunicia potestas* bewertet. Belegen Sie mit lateinischen Textstellen.

3 Analysieren Sie, mit welchen sprachlich-stilistischen Mitteln Sallust seine Deutung unterstützt.

K tribunicia potestas

Das Amt der Volkstribunen wurde um 490 v. Chr. geschaffen, um ein politisches Gegengewicht gegen die Vormacht der Patrizier zu schaffen und die Rechte der Plebejer zu schützen. Die Volkstribunen hatten das Recht, die Volksversammlung einzuberufen, Volksabstimmungen abzuhalten und die Beschlüsse anderer Magistrate und des Senats durch ein Veto aufzuheben.

Der Diktator Sulla (82–79 v. Chr.) beschränkte die tribunizische Amtsgewalt erheblich: Beschlüsse der Volksversammlung mussten vom Senat gebilligt werden und die Volkstribunen konnten keine weiteren Ämter des *cursus honorum* erlangen. Unter dem Konsulat des Pompeius und Crassus (70 v. Chr.) wurden die alten Befugnisse des Volkstribunats wiederhergestellt. Durch diesen Trick konnten die beiden Politiker die Volksmassen kontrollieren und den Senat besser in Schach halten.

S Kurzform der 3. Pl. Perf. Akt. -*ēre*

In der Geschichtsschreibung begegnen häufig die etwas älteren Formen der 3. Pl. Perf. Akt. auf -*ēre*, die in sonstiger Prosaliteratur und der gesprochenen Sprache meist durch die längere Form -*ērunt* ersetzt wurden:
coepēre = *coepērunt* »sie begannen«;
agitāvēre = *agitāvērunt* »sie brachten in Aufruhr«.
Man darf diese Kurzformen nicht mit Infinitivformen auf -*ere* verwechseln.

Die Verhaftung der Verschwörer und Senatsreden

1. Übersicht über die weiteren Ereignisse im Winter 63

Catilinas Hochverrat

Catilina hatte sich nach dem Verlassen der Stadt zu Manlius' Heer begeben und dem Aufstand angeschlossen. Allerdings war das Heer schlecht bewaffnet und so gegen die Heere des Senats chancenlos. Deshalb bemühten sich Catilina und seine in Rom verbliebenen Anhänger um Verbündete: Sie versuchten, den gallischen Stamm der Allobroger zum Aufstand gegen Roms anzustacheln. Doch diese wandten sich an Cicero und verrieten den geplanten Hochverrat.

Um an handfeste Beweise für Catilinas Hochverrat zu gelangen, wandte Cicero eine List an: Die Allobroger sollten um schriftliche Dokumente bitten, die dann als Beweise verwendet werden können.

»Die Allobroger indes suchen nach Ciceros Weisung durch Vermittlung des Gabinius die anderen auf. Von Lentulus, Cethegus, Statilius sowie von Cassius fordern sie eine eidliche Erklärung, die sie versiegelt ihren Mitbürgern bringen könnten: anders würden sie nicht leicht zu einer so großen Sache zu bewegen sein. Die anderen geben sich ohne allen Verdacht, Cassius verspricht, in Kürze selbst dahin zu kommen, und bricht wenig vor den Gesandten aus der Stadt auf. Lentulus schickt mit ihnen einen Mann namens Titus Volturcius aus Croton, dass die Allobroger, bevor sie nach Hause weiterzögen, mit Catilina durch gegenseitiges Gelöbnis das Bündnis erhärteten. Selbst gibt er Volturcius einen Brief an Catilina mit, dessen Abschrift hier folgt:

›Wer ich bin, erfährst du von dem, den ich zu dir schicke. Erwäge bitte, in welcher Not du bist, und vergiss nicht, dass du ein Mann bist. Geh mit dir zu Rate, was deine Lage erfordert. Hilfe suche bei allen, auch bei den Niedrigsten.‹

Zudem trägt er ihm mündlich auf: da er vom Senat zum Staatsfeind erklärt sei, weswegen wolle er dann die Sklaven zurückweisen? In der Stadt sei vorbereitet, was er befohlen. Er solle nicht zögern, selber näher heranzurücken.

Als dies soweit war, die Nacht bestimmt war, in der sie aufbrechen sollten, erteilt Cicero, durch die Gesandten über alles unterrichtet, den Prätoren Lucius Valerius Flaccus und Gaius Pomponius den Befehl, an der Mulvischen Brücke der Begleitung der Allobroger aufzulauern und sie festzunehmen. Er enthüllt ihnen die ganze Angelegenheit, derentwegen sie ausgeschickt wurden; im übrigen stellt er ihnen anheim, so zu handeln, wie es die Lage erfordert. Die, alte Soldaten, verteilen in aller Stille ihre Posten, wie befohlen, und besetzen heimlich die Brücke. Als die Gesandten mit Volturcius an diese Stelle kamen und sich zugleich auf beiden Seiten ein Geschrei erhob, ergaben sich die Gallier, indem sie schnell die Absicht erkannten, ohne Verzug den Prätoren, Volturcius feuerte zunächst die andern an und verteidigte sich mit dem Schwert vor dem Haufen, dann, als er sich von den Gesandten verlassen sah, bat er erst lange den Pomptinus flehentlich um Rettung – es war nämlich ein Bekannter von ihm –, endlich überließ er sich ängstlich und schon nichts mehr auf sein Leben gebend den Prätoren wie Feinden.«

(Sallust, Kapitel 44–45, Übersetzung: Karl Büchner, Stuttgart 2001, S. 61/63,
© Philipp Reclam jun. GmbH & Co.KG, Stuttgart)

Die Senatssitzungen

Nach der Verhaftung der Verschwörer in der Nacht auf den 3. Dezember berief Cicero gleich am nächsten Morgen eine Senatssitzung im Tempel der Corcordia ein. Dort wurden die noch versiegelten Briefe der Verschwörer geöffnet und die Verhafteten verhört.

Da Cicero eine gewaltsame Befreiung der Verhafteten fürchtete, musste er schnell handeln. Gleich am nächsten Tag, also am 4. Dezember, wurde im Senat darüber beraten, wie mit den verhafteten Verschwörern zu verfahren sei.

Cicero konnte sich zwar auf den Notstandsbeschluss, das *senatus consultum ultimum*, stützen, das ihm weitreichende Befugnisse einräumte, um den Staat vor Schaden zu schützen. Allerdings wollte er vermeiden, später wegen der Hinrichtung der Verschwörer angeklagt zu werden. Deshalb sollte in dieser Angelegenheit der Senat entscheiden.

Zunächst läuft alles nach Ciceros Plan: Silanus und mehrere andere hochrangige Senatoren sprechen sich für die Todesstrafe aus. Schließlich jedoch meldet sich Caesar zu Wort, der eine andere Auffassung hat: Er plädiert dafür, die Verschwörer lebenslang in Haft zu lassen. Daraufhin kippt die Stimmung, sogar Silanus zieht seinen Antrag zurück. Cicero selbst sieht sich gezwungen, Farbe zu bekennen. Doch nicht seine Rede gibt den Ausschlag – es ist der für seine rigiden Moralvorstellungen bekannte Cato, der das Ruder nochmals herumreißt. Sallust berichtet sehr ausführlich über diese Senatssitzung; die Reden von Caesar und Cato werden ausführlich wiedergegeben (s. S. 54–67).

Säulenreste des Tempels der Concordia in Rom (© pixs:sell)

2. Caesars Rede vor dem Senat
Vernunft oder Leidenschaft? (51,1–7) (B)

In der Senatssitzung am 5. Dezember beraten die Senatoren darüber, was mit den gefangengenommenen Verschwörern geschehen soll: Silanus fordert die Todesstrafe. Anschließend ist Caesar an der Reihe und hält folgende Rede:

Omnis homines, patres conscripti,

qui de rebus dubiis consultant[1],

ab odio, amicitia, ira atque misericordia[2]

vacuos esse decet.

5 Haud facile animus verum[3] providet, ubi illa[4] officiunt[5],

neque quisquam omnium lubidini[6] simul et usui paruit.

Ubi intenderis[7] ingenium, valet; si lubido possidet[8], ea

dominatur, animus nihil valet.

Magna[9] mihi copia est memorandi, patres conscripti,

10 quae[10] reges atque populi ira aut misericordia inpulsi

male consuluerint.

Sed ea malo[11] dicere, quae maiores nostri contra lubidinem animi sui recte atque ordine[12] fecere.

1 **consultare:** beraten –
2 **misericordia:** Mitleid –
3 **verum:** Wahrheit; *hier:* die richtige Entscheidung – 4 **illa:** jene Gefühle – 5 **officere:** entgegenwirken – 6 **lubini …
paruit:** hat jemals zugleich seiner Leidenschaft und dem Nutzen gehorcht – 7 **intendere:** anstrengen – 8 **possidet:** *erg.* dich

9 **magna … memorandi:** ich kann eine große Fülle an Beispielen anführen – 10 **quae:** was – 11 **malo:** *von* malle: lieber wollen – 12 **ordine:** der Ordnung gemäß

---

1 Suchen Sie aus dem Text Wörter zum Sachfeld »Gefühle und Affekte« heraus.

2 Arbeiten Sie gegensätzliche Begriffe aus dem Text heraus und erläutern Sie, worauf Caesars Argumentation zielt.

3 Analysieren Sie, mit welchen stilistischen Mitteln Caesars Redebeginn gestaltet ist, und erläutern Sie ihre Wirkung.

4 Analysieren Sie Caesars Argumentation. Beziehen Sie auch den zweisprachigen Teil mit ein:

a) Gliedern Sie den Redeabschnitt dieser Doppelseite und geben Sie den Abschnitten Überschriften.

b) Erläutern Sie Caesars Argumentationslinie: Worauf will er hinaus? Nennen Sie die lateinischen Schlüsselbegriffe.

Caesar führt seine allgemeinen Beobachtungen an Beispielen aus:

Bello Macedonico, quod cum rege Perse gessimus, Rhodiorum civitas magna atque magnifica, quae populi Romani opibus creverat, infida et advorsa nobis fuit. Sed postquam bello confecto de Rhodiis consultum est, maiores nostri, ne quis divitiarum magis quam iniuriae causa bellum inceptum diceret, inpunitos eos dimisere.

Im mazedonischen Krieg, den wir mit dem König Perseus führten, war der große und reiche Staat der Rhodier, der durch die Macht des römischen Volkes an Einfluss gewonnen hatte, treulos und arbeitete gegen uns. Als aber nach Beendigung des Krieges über die Rhodier zu Rate gegangen wurde, haben unsere Vorfahren, dass keiner sagen könne, der Krieg wäre mehr ihres Reichtums als der Kränkung wegen begonnen worden, sie unbestraft laufen lassen.

Item bellis Punicis omnibus, quom saepe Carthaginienses et in pace et per indutias multa nefaria facinora fecissent, numquam ipsi per occasionem talia fecere: magis, quid se dignum foret, quam quid in illos iure fieri posset, quaerebant.

Ebenso in allen Punischen Kriegen: obgleich die Karthager mehrfach im Krieg und während der Waffenruhe viele ruchlose Taten begingen, haben sie selbst doch niemals, bot sich die Gelegenheit, so etwas getan; sie fragten mehr nach dem, was ihrer würdig sei, als was gegen jene mit Recht unternommen werden könnte.

Hoc item vobis providendum est, patres conscripti, ne plus apud vos valeat P. Lentuli et ceterorum scelus quam vostra dignitas, neu magis irae vostrae quam famae consulatis.

Genauso müsst ihr darauf sehen, Senatoren und Beigeordnete, dass bei euch das Verbrechen des Publius Lentulus und der übrigen nicht eine größere Rolle spiele als eure Würde und ihr nicht mehr für euren Zorn als für euren Ruf sorgt.
(Übersetzung: Karl Büchner, Stuttgart 2001, S. 73)

K Der Ablauf einer Senatssitzung

Der Senat konnte nur durch höhere Beamte wie Konsuln und Prätoren einberufen werden. Diese Magistraten (im Text: Cicero) legten den Senatoren das zu besprechende Thema dar und konnten dabei auch von auswärtigen Geladenen unterstützt werden. Anschließend berieten die Senatoren, indem sie der Reihe nach ihre Meinung *(sententia)* zu dem Tagungsordnungspunkt äußerten. Die Reihenfolge dieser Meinungsäußerungen richtete sich nach dem Rang der Senatoren, wobei ursprünglich der dienstälteste ehemalige Konsul oder Censor aus patrizischem Stand den Anfang machte, seit Sulla die für das kommende Jahr gewählten Konsuln. Die Redezeit der befragten Senatoren war unbegrenzt, so dass man durch sehr lange Reden auch Entscheidungen verzögern bzw. verhindern konnte. Den Schluss einer solchen Meinungsäußerung bzw. Rede bildete ein Vorschlag für einen Beschluss-Antrag. Die folgenden befragten Senatoren konnten sich der Meinung von Vorrednern ohne eigene Rede anschließen. Schließlich formulierte der Senatsvorsitzende (z. B. der Konsul) den Antrag, über den die Senatoren durch *discessio* (»Auseinandertreten«) abstimmten.

Ein schreckliches Verbrechen! (51,9–15) (A–B)

Nachdem Caesar darüber gesprochen hat, dass man sich bei seinen Entscheidungen nicht von Gefühlen leiten lassen soll, fährt er fort:

Plerique eorum, qui ante me sententias dixerunt, conposite[1] atque magnifice[2]

casum[3] rei publicae miserati[4] sunt.

Quae belli saevitia[5] esset, quae victis adciderent[6], enume-

5 ravere[7]: rapi virgines, pueros; divelli[8] liberos a parentum

conplexu[9]; matres familiarum pati, quae victoribus conlu-

buissent[10]; fana[11] atque domos spoliari[12]; caedem, incendia

fieri; postremo armis, cadaveribus, cruore[13] atque luctu[14]

omnia conpleri.

10 Sed, per deos inmortalis, quo[15] illa oratio pertinuit?

1 **conpositus:** geordnet –
2 **magnificus:** glänzend –
3 **casus:** Unglück – 4 **miserari:** beklagen – 5 **saevitia:** Grausamkeit – 6 **adcidere:** geschehen – 7 **enumerare:** aufzählen –
8 **divellere:** wegreißen; herausreißen – 9 **conplexus, us:** Umarmung – 10 **conlubet:** es gefällt – 11 **fanum:** Heiligtum – 12 **spoliare:** plündern – 13 **cruor, oris** *m.*: Blut – 14 **luctus, us:** Trauer – 15 **quo … pertinet:** worauf zielt …?

Natürlich wird eine solche Rede die Gemüter entflammen und die Zuhörer gegen die Catilinarier aufbringen. Doch gerade in einer Machtstellung darf man sich nicht vom Zorn leiten lassen, denn:

quae apud alios[16] iracundia[17] dicitur, ea in imperio[18]

superbia atque crudelitas appellatur.

Equidem ego[19] sic existumo, patres conscripti,

omnis cruciatus[20] minores quam facinora illorum esse.

15 Sed plerique mortales postrema[21] meminere

et in hominibus inpiis sceleris eorum obliti[22]

de poena disserunt, si ea paulo[23] severior fuit.

16 **alios:** *gemeint sind unbekannte Leute ohne Macht* – 17 **iracundia:** Jähzorn – 18 **in imperio:** in einem Staatsamt – 19 **equidem ego:** ich jedenfalls – 20 **cruciatus, us:** Folterstrafe; Qual – 21 **postrema** *n.Pl.*: nur das zeitlich Nächste – 22 **oblivisci,** oblitus sum + *Gen.*: *etw.* vergessen – 23 **paulo:** ein wenig

1 Untersuchen Sie den Text auf vorherrschende Sachfelder.

2 Fassen Sie Caesars Gedankengang in eigenen Worten zusammen.

3 Analysieren Sie Caesars Argumentationsstrategie: Wie haben Caesars Vorredner wohl argumentiert? Wie entgegnet Caesar?

4 Analysieren Sie, mit welchen stilistischen Mitteln die Passage gestaltet ist, und erläutern Sie ihre Wirkung.

indirekte Rede: AcI, indirekte Frage; Passiv – plerique; sententia; rapere; pati; complere; meminisse

Widerlegung von Silanus' Antrag (51,16–24)

»Decimus Silanus, ein tapferer, tüchtiger Mann, hat, das weiß ich genau, was er gesagt, aus Eifer für das Gemeinwesen gesagt, und in einer so wichtigen Angelegenheit übte er nicht Begünstigung oder Feindschaften: so habe ich Charakter, so Selbstbeherrschung des Mannes kennengelernt. Wohl aber ist sein Antrag, wie mir scheint, nicht grausam – denn was könnte gegen solchen Menschen Grausames geschehen –, aber unserem Staate nicht wesensgemäß. Denn fürwahr, entweder die Furcht oder das Unrecht, Silanus, haben dich, den gewählten Konsul des nächsten Jahres, gezwungen, für eine neuartige Strafart zu entscheiden. Über die Furcht ist es überflüssig zu sprechen, zumal durch die Umsicht des hochberühmten Mannes, unseres Konsuls, so gewaltige Schutzkräfte unter Waffen stehen. Was die Strafe anlangt, kann ich wenigstens sagen, wie es sich auch wirklich verhält, dass in Trübsal und Elend der Tod Erlösung vom Kummer, nicht Strafe ist, dass er alles Leid der Sterblichen löst, dass jenseits kein Raum für Sorge und Freude ist. Aber, bei den unsterblichen Göttern, weswegen hast du deinem Antrag nicht beigefügt, dass sie vorher erst mit Auspeitschung bestraft werden sollten? Etwa, weil es das Porcische Gesetz verbietet? Aber andere Gesetze ordnen auch an, dass verurteilten Bürgern nicht das Leben genommen, sondern dass ihnen die Verbannung freigestellt werde. Oder weil es härter ist, ausgepeitscht als getötet zu werden? Was aber ist zu bitter oder zu hart gegen Menschen, die einer solchen Untat überführt sind? Ist's aber aus dem Grunde, weil es zu leicht ist, wie verträgt es sich, in der geringeren Sache das Gesetz zu fürchten, während du es in der größeren nicht beachtest?«

(Übersetzung: Karl Büchner, Stuttgart 2001, S. 75/77, © Philipp Reclam jun. GmbH & Co.KG, Stuttgart)

1   Gliedern Sie den Textabschnitt und geben Sie den jeweiligen Abschnitten passende Überschriften.

2   Analysieren Sie Caesars Argumentationsstrategie.

Schafft keinen Präzedenzfall! (51,25–36) (B)

Nachdem Caesar gegen Silanus' Antrag argumentiert hat, geht er auf einen weiteren Einwand ein.

›At[1] enim quis reprehendet, quod in parricidas rei publicae decretum erit?‹ – Tempus, dies, fortuna, cuius lubido gentibus moderatur[2]. Illis[3] merito[4] accidet, quicquid evenerit; ceterum vos, patres conscripti, quid in alios[5] statuatis[6],

5 considerate!

Omnia mala exempla ex rebus bonis orta sunt[7].

Sed ubi[8] imperium ad ignaros[9] eius aut minus bonos pervenit[10], novum illud exemplum ab dignis[11] et idoneis ad indignos et non idoneos transfertur[12].

10 Lacedaemonii devictis Atheniensibus triginta[13] viros inposuere[14], qui rem publicam eorum tractarent[15].

Ii primo coepere pessumum quemque[16] et omnibus invisum[17] indemnatum[18] necare: ea populus laetari[19] et merito[4] dicere fieri. Post, ubi paulatim licentia crevit,

15 iuxta[20] bonos et malos lubidinose interficere[21], ceteros metu terrere[21]: ita civitas servitute oppressa stultae laetitiae gravīs poenas dedit[22].

Nostra memoria victor[23] Sulla cum[24] Damasippum[25] et alios[26] eius modi, qui malo rei

20 publicae creverant, iugulari[27] iussit, quis non factum eius laudabat? Homines scelestos et factiosos[28], qui seditionibus[29] rem publicam exagitaverant, merito[4] necatos aiebant. Sed ea res magnae initium cladis fuit.

---

1 **at quis:** *möglicher Einwand eines Befürworters der Todesstrafe, den Caesar anführt, um dann selbst darauf zu antworten* – 2 **moderari:** lenken – 3 **illis:** *d. h. den Verschwörern* – 4 **merito:** verdientermaßen; zu Recht – 5 **in alios:** gegen andere *(die das vielleicht nicht verdient haben)* – 6 **statuere:** beschließen – 7 **oriri:** entstehen – 8 **ubi:** sobald – 9 **ignari eius:** unkundige Leute – 10 **pervenire:** *hier:* übergehen – 11 **digni et idonei:** Leute, die es verdienen und wo es passt – 12 **transferre:** übertragen

13 **triginta:** dreißig – 14 **inponere,** pono, posui: *hier:* einsetzen – 15 **tractare:** lenken – 16 **pessumum quemque:** nur die Schlimmsten – 17 **invisus:** verhasst – 18 **indemnatus:** ohne Gerichtsurteil – 19 **laetari, dicere:** *hist. Inf.;* sortieren Sie so: populus ea laetari et dicere <ea> merito fieri – 20 **iuxta:** gleichermaßen – 21 **interficere, terrere:** *hist. Inf.* – 22 **poenas dare** + *Gen.:* Strafe erleiden für *etw.*

23 **victor Sulla:** der siegreiche Sulla – 24 **cum:** als *(ziehe an den Satzanfang)* – 25 **Damasippus:** *er tötete während des Bürgerkriegs in der Kurie die angesehensten Anhänger Sullas* – 26 **alios eius modi, qui ... creverant:** andere derartige Leute, die vom Unglück des Staates profitiert hatten – 27 **iugulari:** ermorden – 28 **factiosus:** herrschsüchtig – 29 **seditio,** onis *f.:* Aufstand

25 Nam uti quisque[30] domum aut villam, postremo vas aut

vestimentum alicuius concupiverat, dabat operam[31], ut is

in proscriptorum[32] numero esset.

Ita illi, quibus Damasippi mors laetitiae[33] fuerat,

paulo post ipsi trahebantur[34]

30 neque prius[35] finis iugulandi[27] fuit,

quam Sulla omnis suos divitiis explevit[36].

Atque ego haec non in M. Tullio[37] neque his temporibus

vereor[38]; sed in magna civitate multa et varia ingenia sunt.

Potest alio tempore, alio consule, cui item[39] exercitus in

35 manu sit, falsum[40] aliquid pro vero credi. Ubi hoc exemplo

per senatus decretum[41]

consul gladium eduxerit[42],

quis illi finem statuet[6] aut quis moderabitur[43]?

30 uti quisque: sobald jeder – **31 operam dare:** sich bemühen – **32 proscriptus:** Geächteter – **33 laetitiae esse:** Freude machen – **34 trahere:** *hier:* fortschleifen – **35 prius … quam:** eher … als – **36 divitiis explere:** mit Reichtum überhäufen

37 M. Tullius: *gemeint ist Cicero* – **38 vereri:** befürchten – **39 item:** ebenfalls – **40 falsum aliquid pro vero credere:** etwas Falsches für eine gute Entscheidung halten – **41 per senatus decretum:** mit einem Senatsbeschluss – **42 educere:** ziehen – **43 moderari:** mäßigen

1 Übersetzen Sie Z. 1–9 und fassen Sie den Abschnitt in eigenen Worten zusammen.

2 Übersetzen Sie arbeitsteilig folgende Abschnitte: Die dreißig Tyrannen (Z. 10–17) – Sulla (Z. 18–31) – Ciceros Zeit (Z. 32–38). Fassen Sie den Inhalt in eigenen Worten zusammen und präsentieren Sie Ihre Ergebnisse den anderen Gruppen.

3 Erläutern Sie Caesars Argumentation. Gehen Sie auch auf die Funktion der historischen Beispiele ein.

K **Die dreißig Tyrannen**

In der zweiten Hälfte des 5. Jh. v. Chr. kommt es zu einem militärischen Konflikt zwischen Sparta und Athen um die Vorherrschaft im griechischen Kulturraum (sog. »Peloponnesischer Krieg«). Am Ende wird Athen von Sparta besiegt und muss 404 v. Chr. seine demokratische Verfassung durch eine Oligarchie von 30 »Tyrannen« ersetzen, die Athen kontrollieren. Doch schon 403 v. Chr. konnte Athen die Demokratie wieder einführen.

K **Die Proskriptionen unter Sulla**

Anfang des 1. Jh. v. Chr. kommt es in Rom zu einem Machtkampf zwischen dem populären Politiker Marius und dem Optimaten Sulla, der unter dem Konsulat des Marius aus Rom vertrieben wird. Als Sulla Diktator wird (82–79 v. Chr.), schrieb er die Namen seiner geächteten Gegner auf öffentliche (Proskriptions-)Listen; sie durften straffrei getötet werden. Diesen Proskriptionen fielen 90 Senatoren und 2.600 Ritter zum Opfer.

Caesars Antrag (51,37–43)

Caesar verweist darauf, dass sich außergesetzliche Maßnahmen schnell gegen Leute richten, die es nicht verdient haben. Deshalb solle man keine Präzedenzfälle schaffen, sondern sich an die bestehenden Gesetze halten.

Maiores nostri, patres conscripti, neque consili neque audaciae umquam eguere; neque illis superbia obstabat, quo minus aliena instituta, si modo proba erant, imitarentur.

Unseren Vorfahren, Senatoren und Beigeordnete, hat es nie an Einsicht und Kühnheit gefehlt; es hinderte sie aber auch nicht ihr Stolz, fremde Einrichtungen, wenn sie nur recht waren, nachzuahmen.

Arma atque tela militaria ab Samnitibus, insignia magistratuum ab Tuscis pleraque sumpserunt. Postremo, quod ubique apud socios aut hostis idoneum videbatur, cum summo studio domi exsequebantur: imitari quam invidere bonis malebant.

Kriegsgerät und Waffen übernahmen sie von den Samniten, die Abzeichen der Beamten zumeist von den Etruskern; schließlich: wo etwas bei Bundesgenossen oder Feinden geeignet schien, suchten sie es mit größtem Eifer daheim durchzuführen; lieber nachahmen wollten sie die Tüchtigen als scheel auf sie sehen.

Sed eodem illo tempore Graeciae morem imitati verberibus animadvortebant in civis, de condemnatis summum supplicium sumebant. Postquam res publica adolevit et multitudine civium factiones valuere, circumveniri innocentes, alia huiusce modi fieri coepere, tum lex Porcia aliaeque leges paratae sunt, quibus legibus exilium damnatis permissum est. Hanc ego causam, patres conscripti, quo minus novom consilium capiamus, in primis magnam puto.

Indes, eben zu jener Zeit ahmten sie den Brauch von Griechenland nach und ahndeten ihre Mitbürger mit Auspeitschung, an Verurteilten vollstreckten sie die Todesstrafe. Als der Staat wuchs und infolge der großen Masse der Bürger die Parteiungen an Macht gewannen, man anfing, Unschuldige zu umgarnen, anderes derart zu begehen, da wurden das Porcische Gesetz und andere Gesetze gegeben, Gesetze, nach denen Verurteilten die Verbannung freigestellt wurde. Ich halte diesen Grund, Senatoren und Beigeordnete, insonderheit für entscheidend, dass wir keinen neuen Entschluss fassen.

Profecto virtus atque sapientia maior illis fuit, qui ex parvis opibus tantum imperium fecere, quam in nobis, qui ea bene parta vix retinemus.

Fürwahr Tüchtigkeit und Weisheit waren größer bei ihnen, die aus kleinen Anfängen ein so großes Reich geschaffen haben, als bei uns, die wir das tüchtig Erworbene mit Mühe nur behaupten.

Placet igitur eos dimitti et augeri exercitum Catilinae? Minume. Sed ita censeo: publicandas eorum pecunias, ipsos in vinculis habendos per municipia, quae maxume opibus valent; neu quis de iis postea ad senatum referat neve cum populo agat; qui aliter fecerit, senatum existumare eum contra rem publicam et salutem omnium facturum.

Ich bin also dafür, dass sie entlassen werden und so das Heer Catilinas vermehrt werden? Keineswegs! Aber ich meine so: ihr Vermögen ist einzuziehen, sie selbst in den Landstädten, die besonders mächtig sind, in Haft zu halten, und keiner soll hiernach über sie an den Senat berichten und mit dem Volke verhandeln; verstößt jemand dagegen, ist der Senat der Ansicht, dass er gegen den Staat und das Wohl der Allgemeinheit handeln wolle.

(Übersetzung: Karl Büchner, Stuttgart 2001, S. 79/81, © Philipp Reclam jun. GmbH & Co.KG, Stuttgart)

1 Gliedern Sie das Ende der Rede und geben Sie den jeweiligen Abschnitten passende Überschriften.

2 Informieren Sie sich über die Rechtslage in Bezug auf Todesurteile und erläutern Sie Caesars Argumentationsstrategie.

3 Bewerten Sie Caesars Antrag. Berücksichtigen Sie neben ethischen Gesichtspunkten auch die Sicherheitslage in Italien und mögliche Konsequenzen beim Amtsantritt neuer Konsuln im folgenden Monat.

K Die unklare Rechtslage

In seiner Rede erwähnt Caesar die *Lex Porcia (de tergo civium),* die im 2. Jh. v. Chr. von Cato d. Ä. eingebracht und verabschiedet worden war. Dieses Gesetz sah ähnlich wie auch die *Lex Valeria* vor, dass Prügelstrafen (als Vorstufe der Hinrichtung) und damit erst recht Hinrichtungen nur nach Anrufung der Volksversammlung *(provocatio ad populum)* wirklich durchgeführt werden durften.

Auf der anderen Seite war aber auch das von Cicero eingeholte *senatus consultum ultimum* rechtlich bindend, so dass sich ein juristischer Konflikt ergab. In der römischen Rechtsgeschichte wurde und wird daher der vorliegende Fall unterschiedlich beurteilt: Teilweise wurde und wird die Auffassung vertreten, die Hinrichtung der Catilinarier aufgrund des Senatsbeschlusses sei rechtmäßig, teilweise gibt es auch die gegenteilige Auffassung.

Für Cicero wurde diese juristische Grauzone nachträglich zum Problem: Seine politischen Gegner Caesar und der mit ihm verbundene Clodius Pulcher sorgten nach Ciceros Konsulat dafür, dass Cicero nachträglich wegen Rechtsbeugung angeklagt wurde. Allerdings entzog sich Cicero dem drohenden Prozess durch ein freiwilliges Exil und war damit politisch kaltgestellt.

3. Catos Rede
Cato hat das Wort (52,2–6) (B)

Caesars Rede bleibt nicht ohne Wirkung: Ein großer Teil der Senatoren schlägt sich auf Caesars Seite. Dann jedoch kommt der große Auftritt des 32-jährigen Cato:

Longe[1] alia mihi mens[2] est, patres conscripti,

quom res atque pericula nostra considero et

quom sententias[3] nonnullorum ipse mecum reputo[4].

Illi mihi disseruisse videntur de poena eorum, qui patriae,

5 parentibus, aris atque focis[5] suis bellum paravere; res

autem monet cavere[6] ab illis magis quam, quid in[7] illos

statuamus, consultare[8].

Nam cetera maleficia[9] tum persequare[10], ubi facta sunt;

hoc,

10 nisi provideris, ne adcidat[11],

ubi evenit[11], frustra iudicia[12] inplores[13]:

capta urbe nihil[14] fit reliqui victis.

Sed, per deos inmortalis, vos ego appello,

qui semper domos, villas, signa[15], tabulas[16] vostras pluris[17]

15 quam rem publicam fecistis: si ista, quoiuscumque[18] modi

sunt, quae amplexamini[19],

retinere[20],

si voluptatibus vostris otium praebere voltis,

expergiscimini[21] aliquando[22] et capessite[23] rem publicam.

20 Non agitur de vectigalibus[24] neque de sociorum[25] iniuriis:

libertas et anima nostra in dubio[26] est.

1 longe: bei weitem, völlig –
2 alia mens: andere Meinung –
3 sententia: Standpunkt; Antrag –
4 reputare: überdenken – **5 focus:** Herd – **6 cavere ab:** sich hüten vor – **7 in illos statuere:** gegen sie Beschlüsse fassen – **8 consultare:** lange beraten

9 maleficium: Verbrechen –
10 persequare = persequaris: man muss verfolgen – **11 adcidere/ evenire:** geschehen – **12 iudicium:** Gericht – **13 inplorare:** anrufen – **14 nihil reliqui fit:** nichts bleibt übrig

15 signum: Statue – **16 tabula:** Gemälde – **17 pluris facere:** höher schätzen – **18 quoiuscumque modi sunt:** welcher Art auch immer sie sind – **19 amplexari:** umklammern – **20 retinere:** festhalten; behalten; *erg.* Sie <vultis> – **21 expergisci:** aufwachen – **22 aliquando:** *hier:* endlich – **23 capessere:** Verantwortung übernehmen für; tätig werden für – **24 vectigal, is:** Steuer – **25 sociorum:** *Gen. obiectivus* – **26 in dubio esse:** in Gefahr sein

1 Gliedern Sie den Beginn von Catos Rede und fassen Sie die Abschnitte in eigenen Worten zusammen.

2 Cato wird am Ende seiner Rede den Antrag auf Hinrichtung der Verschwörer stellen. Erläutern Sie, mit welchen Argumenten er die Senatoren überzeugen will. Zitieren Sie Schlüsselstellen.

3 Analysieren Sie, wie die stilistische Gestaltung Catos Argumentationsstrategie unterstützt.

Catos Antwort auf Caesars Antrag (52,13–18)

Bene et conposite C. Caesar paulo ante in hoc ordine de vita et morte disseruit, credo falsa existumans ea, quae de inferis memorantur: divorso itinere malos a bonis loca taetra, inculta, foeda atque formidulosa habere.

Itaque censuit pecunias eorum publicandas, ipsos per municipia in custodiis habendos, videlicet timens, ne, si Romae sint, aut a popularibus coniurationis aut a multitudine conducta per vim eripiantur; quasi vero mali atque scelesti tantummodo in urbe et non per totam Italiam sint, aut non ibi plus possit audacia, ubi ad defendundum opes minores sunt. Quare vanum equidem hoc consilium est, si periculum ex illis metuit; si in tanto omnium metu solus non timet, eo magis refert me mihi atque vobis timere.

Qua re quom de P. Lentulo ceterisque statuetis, pro certo habetote vos simul de exercitu Catilinae et de omnibus coniuratis decernere. Quanto vos adtentius ea agetis, tanto illis animus infirmior erit; si paulum modo vos languere viderint, iam omnes feroces aderunt.

Trefflich und wohlgesetzt hat Gaius Caesar kurz vorher vor diesem Stande über Leben und Tod Betrachtungen angestellt, wohl, wie ich glaube, das, was von der Unterwelt erzählt wird, für unwahr erachtend: dass die Bösen von den Guten getrennt in verschiedenen Bezirken scheußliche, verwilderte, hässliche und schreckliche Striche bewohnen. Deshalb stellte er den Antrag, ihr Geld einzuziehen, sie selbst in den Landstädten in Haft zu halten. Natürlich aus Furcht, wenn sie in Rom wären, könnten sie von den Verschwörergenossen oder einer gemieteten Bande gewaltsam befreit werden. Gerade als ob es Böse und Verbrecher nur in der Stadt und nicht durch ganz Italien hin gäbe oder die Kühnheit nicht dort mehr vermöchte, wo die Macht zur Verteidigung geringer ist! Darum ist dieser Plan fürwahr töricht, wenn er Gefahr von ihnen fürchtet; wenn er aber bei einer so großen allgemeinen Besorgnis als einziger nichts fürchtet, ist es um so wichtiger, dass ich für mich und euch fürchte. Deshalb haltet es, wenn ihr über Publius Lentulus und die übrigen befindet, für gewiss, dass ihr zugleich über das Heer Catilinas und alle Verschwörer eure Entscheidung trefft! Je energischer ihr das betreibt, um so schwächer wird deren Mut sein; wenn sie euch nur ein wenig schlaff sehen, werden alle mit Wildheit nahen.

(Übersetzung: Karl Büchner, Stuttgart 2001, S. 83/85, © Philipp Reclam jun. GmbH & Co.KG, Stuttgart)

1 Gliedern Sie den Abschnitt und fassen Sie ihn in eigenen Worten zusammen.

2 Caesar hatte argumentiert, die Gefahr würde übertrieben, Rom sei sicher und der Tod keine allzu strenge Strafe (vgl. S. 57). Arbeiten Sie heraus, wie Cato Caesars Argumente widerlegt.

3 Analysieren Sie die sprachlich-stilistische Gestaltung des Abschnitts. Gehen Sie auch auf das Stilmittel Ironie/Sarkasmus ein.

Damals und heute (52,19–23) (B)

Cato erläutert die Gründe für die Größe Roms und den Niedergang in seiner Zeit.

Nolite existumare maiores nostros

armis rem publicam ex parva magnam fecisse. Si ita esset,

multo[1] pulcherrumam eam nos haberemus:

quippe[2] sociorum[3] atque civium,

5　praeterea armorum atque equorum

maior copia nobis[4] quam illis[4] est.

Sed alia[5] fuēre, quae illos magnos fecēre, quae nobis nulla

sunt: domi industria[6], forīs[7] iustum imperium, animus in

consulundo liber, neque delicto[8] neque lubidini obnoxius[9].

10　Pro his[10] nos habemus luxuriam atque avaritiam, publice[11]

egestatem, privatim opulentiam[12]. Laudamus divitias,

sequimur inertiam[13]. Inter bonos et malos discrimen[14]

nullum, omnia virtutis praemia ambitio[15] possidet[16].

Neque mirum:

15　ubi[17] vos separatim[18] sibi quisque[19] consilium capitis,

ubi domi voluptatibus, hic[20] pecuniae aut gratiae servitis,

eo[21] fit, ut impetus fiat in vacuam[22] rem publicam.

1 multo: um vieles – **2 quippe:** denn – **3 sociorum:** *dieser und die folgenden Genitive hängen von* copia *ab* – **4 nos/illi:** wir (jetzt)/ jene (früher)

5 alia: andere Dinge – **6 industria:** Fleiß – **7 forīs:** draußen – **8 delictum:** Vergehen – **9 obnoxius:** verfallen – **10 pro his:** stattdessen – **11 publice/ privatim:** im öffentlichen/ privaten Bereich – **12 opulentia:** Reichtum – **13 inertia:** Trägheit – **14 discrimen:** Unterschied – **15 ambitio:** übertriebenes Streben nach Ämtern – **16 possidere:** beanspruchen – **17 ubi:** weil – **18 separatim:** einzeln – **19 sibi quisque:** jeder für sich – **20 hic:** hier im Senat – **21 eo:** dadurch – **22 vacuus:** herrenlos

1　Erschließen Sie anhand des ersten Satzes das Thema des Abschnitts.

2　Arbeiten Sie heraus, wie Cato »Damals« und »Heute« gegenüberstellt. Nennen Sie zentrale Begriffe.

3　Analysieren Sie, wie die sprachlich-stilistische Gestaltung die Gegenüberstellung von »Damals« und »Heute« unterstützt.

4　Vergleichen Sie Catos Darstellung mit Sallusts Exkurs über die Entwicklung Roms.

Habt Mitleid mit den Hochverrätern! (52,24–29)

Coniuravēre nobilissumi cives patriam incendere, Gallorum gentem infestissumam nomini Romano ad bellum arcessunt, dux hostium cum exercitu supra caput est; vos cunctamini etiam nunc et dubitatis, quid intra moenia deprensis hostibus faciatis?

Misereamini censeo – deliquere homines adulescentuli per ambitionem – atque etiam armatos dimittatis: ne ista vobis mansuetudo et misericordia, si illi arma ceperint, in miseriam convortat.

Scilicet res ipsa aspera est, sed vos non timetis eam. Immo vero maxume. Sed inertia et mollitia animi alius alium exspectantes cunctamini, videlicet dis inmortalibus confisi, qui hanc rem publicam saepe in maxumis periculis servavere.

Non votis neque suppliciis muliebribus auxilia deorum parantur; vigilando, agundo, bene consulendo prospere omnia cedunt. Ubi socordiae te atque ignaviae tradideris, nequiquam deos inplores: irati infestique sunt.

Es haben sich hochadlige Mitbürger verschworen, die Vaterstadt in Flammen aufgehen zu lassen; den Stamm der Gallier, den größten Feind des römischen Namens, rufen sie zum Kriege herbei; der Führer der Feinde ist mit einem Heer über euren Häuptern. Da zaudert ihr auch jetzt noch und schwankt, was ihr mit Feinden, die ihr innerhalb der Mauern ergriffen habt, machen sollt?

Erbarmt euch, meine ich – vergangen haben sich junge Leute aus Ehrgeiz! –, und entlasst sie, noch dazu bewaffnet! Dass sich euch eure Milde und euer Mitleid, wenn sie die Waffen ergriffen haben, nur nicht in Leid verwandelt!

Natürlich, die Sache an sich ist gefährlich, aber ihr fürchtet sie nicht. Doch, sehr sogar! Aber aus Lässigkeit und Weichheit des Herzens wartet ihr einer auf den anderen und zaudert, offenbar im Vertrauen auf die unsterblichen Götter, die diesen Staat oft schon in den größten Gefahren bewahrt haben.

Nicht durch Gelübde und weibisches Flehen wird die Hilfe der Götter erworben; wenn man wachsam ist, handelt, richtig zu Rate geht, geht alles günstig aus. Wofern du dich der Trägheit und Feigheit überlässt, flehst du umsonst wohl die Götter an; sie sind zornig und feindselig.

(Übersetzung: Karl Büchner, Stuttgart 2001, S. 85/87, © Philipp Reclam jun. GmbH & Co.KG, Stuttgart)

1 Erläutern Sie Catos Argumentationsstrategie. Welches Stilmittel setzt er ein?

K **Gallier**

Die Gallier waren die großen Angstgegner der Römer: Die Eroberung Roms durch die Gallier im Jahre 387 v. Chr. und der anschließende Machtverlust Roms in Mittelitalien war tief in das kollektive Gedächtnis der Römer eingebrannt. Die von Sallust erwähnten keltischen Allobroger wirken von daher für römische Leser durchaus bedrohlich.

Die Situation ist ernst! (52,30–35) (A)

Apud maiores nostros A. Manlius Torquatus[1]
bello Gallico filium suom,
quod is contra imperium in hostem pugnaverat,
necari iussit,
5 atque ille egregius adulescens
inmoderatae[2] fortitudinis morte poenas dedit[3];
vos de crudelissumis parricidis[4] quid statuatis, cunctamini[5]?

Natürlich, ihr Lebenswandel passt nicht zu dieser Anschuldigung. Ja, schont nur die Würde des Lentulus, wenn er selbst je einmal auf seine Sittlichkeit, auf seinen guten Ruf, auf Götter und Menschen Rücksicht genommen hat! Vergebt dem jugendlichen Leichtsinn des Cethegus, wenn er nicht immer wieder Krieg gegen das Vaterland geführt hat! Und was soll ich über Gabinius, Statilius, Caeparius sagen? Wenn ihnen je irgendwas von Bedeutung gewesen wäre, dann hätten sie nicht solche Pläne gegen die Republik geschmiedet.

Schließlich, ehrenwerte Senatoren, wenn Platz für Fehlentscheidungen wäre, dann würde ich – beim Herkules – leicht dulden, dass ihr durch Schaden klug werdet, da ihr auf Worte ja nicht hören wollt.

Sed undique[6] circumventi sumus. Catilina cum exercitu
10 faucibus urget[7]; alii intra moenia atque in sinu urbis[8]
sunt hostes; neque parari neque consuli quicquam potest
occulte[9]: quo magis[10] properandum est.

1 **A. Manlius Torquatus:** *gemeint ist T. Manlius Torquatus, der seinen Sohn wegen Ungehorsam im Latinerkrieg hinrichten ließ* – 2 **inmoderatus:** ungezügelt – 3 **poenas dare** + *Gen.:* bestraft werden für *etw.* – 4 **parricida:** Hochverräter – 5 **cunctari:** zweifeln

6 **undique:** von allen Seiten – 7 **faucibus urgere:** an die Gurgel gehen – 8 **in sinu urbis:** im Herzen der Stadt – 9 **occulte:** im Geheimen; ohne dass er davon erfährt – 10 **quo magis:** umso mehr

1 Torquatus ist für die Römer ein rühmliches *exemplum* sprichwörtlicher Strenge: Erläutern Sie, welche Funktion es in Catos Argumentation hat.

2 Erläutern Sie die Funktion des mittleren Textabschnitts.

3 Analysieren Sie den Aufbau und die stilistische Gestaltung dieses Redeabschnitts.

Manlius Torquatus lässt seinen Sohn enthaupten. Kupferstich von Matthäus Merian d. Ä. (1593–1650), später koloriert. (© akg-images)

Catos Antrag (52,36) (C)

Am Ende seiner Rede stellt Cato folgenden Antrag:

Quare ego ita censeo[1]:

Quom[2] nefario consilio sceleratorum civium

res publica in summa pericula venerit

iique indicio[3] T. Volturci et legatorum Allobrogum

5 convicti[4] confessique[5] sint

caedem, incendia aliaque se foeda atque crudelia facinora

in civis patriamque paravisse,

de confessis[6], sicuti de manufestis[7] rerum capitalium,

more maiorum supplicium[8] sumundum[9].

1 ita censeo: *hier:* beantrage ich Folgendes – **2 quom** = cum: weil – **3 indicium:** Anzeige *(die Allobroger hatten Cicero informiert, dass man sie zur Teilnahme an der Verschwörung aufgefordert hatte)* – **4 convincere,** -vici, -victum: überführen – **5 confiteri,** confessus sum + AcI: gestehen – **6 confessus:** Geständiger – **7 manufestus rerum capitalium:** jemand, der bei einem Kapitelverbrechen auf frischer Tat ertappt wurde – **8 supplicium sumere de:** die Todesstrafe vollstrecken an – **9 sumundum:** *erg.* Sie <est>

1 Erschließen Sie den Satz nach der Methode des linearen Dekodierens und erläutern Sie die Gedankenführung.

2 Diskutieren Sie, ob Sie eher für Catos oder für Caesars Antrag stimmen würden.

cum als Subjunktion; AcI – consilium; caedes; incendium; facinus; parare; mos maiorum | **67**

4. Caesar und Cato: zwei Persönlichkeiten im Vergleich (54) (A)

Im Anschluss an die beiden großen Reden vor dem Senat schiebt Sallust einen kurzen Exkurs ein, was Rom groß gemacht hat. Er kommt zu dem Schluss: die virtus *einzelner herausragender Römer! Dies nimmt er zum Anlass, Caesar und Cato miteinander zu vergleichen.*

Igitur iis genus[1], aetas, eloquentia[2]

prope aequalia[3] fuere,

magnitudo animi par, item gloria, sed alia alii[4].

Caesar beneficiis ac munificentia[5] magnus habebatur,

5   integritate[6] vitae Cato.

Ille mansuetudine[7] et misericordia clarus factus,

huic severitas[8] dignitatem addiderat.

Caesar dando, sublevando[9], ignoscundo[10],

Cato nihil largiundo[11] gloriam adeptus est.

10   In altero miseris perfugium[12] erat, in altero malis pernicies. Illius facilitas[13], huius constantia[14] laudabatur.

Postremo Caesar in animum induxerat[15] laborare, vigilare; negotiis amicorum intentus[16] sua neglegere[17], nihil denegare[18], quod dono dignum esset;

15   sibi magnum imperium[19], exercitum, bellum novom exoptabat, ubi virtus enitescere[20] posset.

At Catoni studium modestiae, decoris,

sed maxume severitatis[8] erat;

non divitiis cum divite

20   neque factione[21] cum factioso[22],

sed cum strenuo[23] virtute, cum modesto[24] pudore,

cum innocente[25] abstinentia[26] certabat[27];

esse quam videri bonus malebat; ita, quo minus[28] petebat gloriam, eo magis[28] illum adsequebatur[29].

---

1 genus: *beide hatten gleich viele Vorfahren, die das Konsulat erreicht hatten* – **2** eloquentia: *Beredsamkeit* – **3** prope aequalis: *nahezu gleich* – **4** alia alii: *jedem auf andere Art* – **5** munificentia: *Freigebigkeit* – **6** integritas, atis *f.: vgl. dt. Fremdwort* – **7** mansuetudo, inis *f.: Milde* – **8** severitas: *Strenge* – **9** sublevare: *helfen* – **10** ignoscere: *verzeihen* – **11** largiri: *verschenken* – **12** perfugium: *Zufluchtsort* – **13** facilitas: *Umgänglichkeit* – **14** constantia: *Prinzipientreue*

15 in animum inducere + *Inf.: sich vornehmen; sich in den Kopf setzen* – **16** intentus: *hier: beschäftigt mit* – **17** neglegere, denegare: *hist. Inf.* – **18** denegare: *abschlagen* – **19** imperium: *hier: Kommando* – **20** enitescere: *strahlen*

21 factio, onis *f.: Zahl der politischen Anhänger* – **22** factiosus: *hier: Politiker* – **23** strenuus: *ein Tüchtiger* – **24** modestus: *ein Bescheidener* – **25** innocens: *ein Uneigennütziger* – **26** abstinentia: *Selbstlosigkeit* – **27** certare + *Abl.: wetteifern um* – **28** quo minus … eo magis: *je weniger … umso mehr* – **29** adsequebatur: *Subjekt ist* gloria

---

1   Suchen Sie aus dem Text alle Eigenschaften von Caesar und Cato heraus und erstellen Sie eine Tabelle. Achten Sie auf die Zuordnung von *hic/ille*.

2 Analysieren Sie Sallusts Darstellung der beiden Persönlichkeiten:
a) Arbeiten Sie heraus, wie Sallust sie charakterisiert. –
b) Bennen Sie die stilistischen Mittel, die seine Darstellung unterstützen,
und erläutern Sie ihre Funktion.

3 Vergleichen Sie die Darstellung Sallusts mit dem, was Sie über Caesar und Cato wissen.

K Caesar und Cato

Caesar war in der Tat freigiebig, weil ihm das viele Anhänger einbrachte, und er zeigte *clementia* in den Bürgerkriegen. Aber für Sallusts zeitgenössische Leser der 40er- und 30er-Jahre war Caesar auch der Diktator und Totengräber der alten *res publica*. Schon früh zeigte Caesar seine Skrupellosigkeit in der Politik: Seine Mitwisserschaft in der Catilinarischen Verschwörung ist nicht unwahrscheinlich; 63 v. Chr. ließ er sich mithilfe großzügiger Bestechungen erst zum Prätor und dann noch zum *pontifex maximus* (Oberpriester) wählen. Nach Ciceros Konsulat war er durch seinen Mittelsmann Clodius Pulcher an Ciceros Verbannung beteiligt. Sein sogenanntes erstes Triumvirat mit Pompeius und Crassus führte zu einer im Grunde ungesetzlichen Herrschaft. Als Konsul (59 v. Chr.) schüchterte er seinen Mitkonsul und den Senat durch Bandenterror ein. Das anschließende Prokonsulat in Gallien nutzte er zu einer widerrechtlichen privaten Eroberung ganz Galliens.

Cato wiederum war ein Nachfahre von Cato d. Ä., den Sallust mit seinem Sprachstil nachahmt. Der jüngere Cato trat für die Rechte des Senats ein und bekämpfte Caesar daher erbittert. In seinen politischen Ämtern (Quästur, Volkstribunat, Prätur) ging Cato im Gegensatz zu den meisten Amtsträgern äußerst korrekt vor. Im Bürgerkrieg gegen Caesar (ab 49 v. Chr.) verzichtete er öffentlichkeitswirksam auf jegliche Haar- und Bartpflege als Zeichen der Trauer und des Protests. Nach Caesars Siegen beging er 46 v. Chr. Selbstmord. Bei seinen Zeitgenossen galt er wegen seiner exzentrischen Kompromisslosigkeit vielfach als weltfremd.

S Gegenüberstellungen im Lateinischen

Im Lateinischen können wie im Deutschen zwei Personen oder Dinge einander gegenübergestellt werden. Sprachlich werden hierfür u. a. die Pronomina *hic – ille* oder auch *alter – alter* verwendet. Speziell für *hic – ille* lernt man in der Lehrbuchphase meist als deutsche Bedeutung »dieser – jener«, was aber etwas altmodisch klingt. Moderner und verständlicher ist die Übersetzung z. B. als »Ersterer« oder »der Erstgenannte« für *ille* und »Letzterer« oder »der Letztgenannte« für *hic*, was hier im Text auch gut passt. Die Pronomina *alter – alter* können Sie ebenso oder auch einfach mit »der eine – der andere« übersetzen.

Das Ende der Verschwörung

1. Die Hinrichtung der Catilinarier (55,2–6) (B)

Der Senat nimmt Catos Antrag mit großer Mehrheit an. Daraufhin lässt der Konsul Cicero umgehend die Hinrichtung der Verschwörer vorbereiten.

Ipse[1] praesidiis dispositis[2] Lentulum in carcerem[3] deducit; idem fit ceteris per praetores.

> **1 ipse:** *gemeint ist der Konsul Cicero –* **2 disponere:** aufstellen

Est in carcere[3] locus, quod Tullianum appellatur, ubi paululum ascenderis[4] ad laevam[5], circiter duodecim
5 pedes humi depressus[6]. Eum muniunt undique parietes[7] atque insuper[8] camera lapideis fornicibus iuncta; sed incultu[9], tenebris[10], odore[11] foeda atque terribilis eius facies est.

> **3 carcer, eris** *m.*: Gefängnis – **4 ascendere:** hinaufsteigen; *übersetzen Sie die 2. Person mit* »man« – **5 ad laevam:** nach links – **6 humi depressus:** nach unten in den Erdboden eingelassen – **7 paries, etis** *m.*: Wand – **8 insuper … iuncta:** (und) oben ein Gewölbe, das aus gerundeten Steinen besteht – **9 incultus, us:** verwahrloster Zustand – **10 tenebrae:** Finsternis – **11 odor:** Gestank

In eum locum postquam demissus[12] est Lentulus,
10 vindices[13] rerum capitalium, quibus praeceptum erat, laqueo[14] gulam[15] fregere.
Ita ille patricius[16] ex gente clarissuma Corneliorum, qui consulare imperium[17] Romae habuerat, dignum moribus factisque suis exitium[18] vitae invenit. De
15 Cethego, Statilio, Gabinio, Caepario eodem modo supplicium[19] sumptum est.

> **12 demittere:** hinunterbringen – **13 vindex rerum capitalium:** Scharfrichter; Henker – **14 laqueus:** Strick – **15 gulam frangere:** erdrosseln – **16 patricius:** Patrizier – **17 consulare imperium:** die konsularische Befehlsgewalt – **18 exitium:** Ende – **19 supplicium sumere de:** die Todesstrafe vollziehen an

1 Gliedern Sie den Text und geben Sie den einzelnen Abschnitten Überschriften. Fassen Sie den Text in eigenen Worten zusammen.

2 Analysieren Sie, wie Sallust das Ende der Catilinarier darstellt. Achten Sie auf:
   – Reihenfolge der Darstellung
   – Stimmung
   – Wertung durch Sallust

3 Arbeiten Sie heraus, an welchen Punkten die Darstellung Sallusts neutral-erzählend ist und an welchen Punkten wertend.

Abl. abs. – idem; fieri; ceteri; appellare; facies; praecipere; dignus

4 Die Schlagzeile des nächsten Morgens: Schreiben Sie einen Zeitungsartikel über die Ereignisse für ein Boulevard-Blatt, das a) gegen die Catilinarier ist oder b) mit den Verschwörern sympathisiert.

Carcer Mamertinus unter der Kirche S. Giuseppe dei Falegnami (©akg-images/Erich Lessing)

K Der *carcer* – das römische Staatsgefängnis

Das Wort *carcer* bedeutet eigentlich »Schranke« und dann im übertragenen Sinne »Gefängnis« (daher dt. »Kerker« und »Karzer«), speziell das auf dem Weg vom Kapitol zum Forum Romanum hinter der Kurie befindliche römische Staatsgefängnis *(Carcer Mamertinus)*, das man heute noch besichtigen kann. Es handelt sich dabei um einen runden unterirdischen und daher praktisch lichtlosen Raum, in den man nur über eine steile Steintreppe gelangt. In diesem Gefängnis wurden die zum Tode verurteilten Feinde nach Abhaltung des Triumphzuges durch Erdrosseln hingerichtet. Doch auch einige römische Bürger wurden hier inhaftiert und, wenn die Hinrichtung nicht in der Öffentlichkeit stattfinden sollte, hingerichtet. In diesem Gefängnis waren angeblich auch die beiden Apostel Petrus und Paulus eingekerkert. Durch die Berührung ihrer Ketten sollen Kranke auf wundersame Weise geheilt worden sein.

2. Catilinas Rede vor der Entscheidungsschlacht (58,1–21) (B–C)

Als Catilina die Nachricht von der Hinrichtung seiner Mitverschwörer in Rom erreicht, laufen viele seiner Soldaten davon. Mit dem Rest will er sich nach Gallien zurückziehen. Doch auf den engen Bergpfaden bei Pistorium erwarten ihn die Senatstruppen. Vor der Entscheidungsschlacht hält Catilina folgende Rede:

Conpertum[1] ego habeo, milites, verba virtutem non addere, neque ex ignavo[2] strenuom[3] neque fortem ex timido exercitum oratione imperatoris fieri.

Quanta[4] quoiusque animo[5] audacia naturā aut moribus
5 inest, tanta[4] in bello patere[6] solet. Quem[7] neque gloria neque pericula excitant, nequiquam[8] hortere: timor animi auribus officit[9]. Sed ego vos, quo[10] pauca monerem, advocavi, simul uti[10] causam mei consili aperirem.

Scitis[11] equidem[12], milites, socordia[13] atque ignavia[14]
10 Lentuli quantam ipsi nobisque cladem adtulerit, quoque modo[15], dum ex urbe praesidia[16] opperior[17], in Galliam proficisci nequiverim[18]. Nunc vero quo[19] loco res nostrae sint, iuxta mecum[20] omnes intellegitis. Exercitūs hostium duo, unus ab urbe[21], alter a Gallia obstant[22]; diutius in
15 his locis esse, si[23] maxume animus ferat, frumenti atque aliarum rerum egestas prohibit; quocumque[24] ire placet, ferro iter aperiundum est.

Quapropter[25] vos moneo, uti[26] forti atque parato animo sitis et, quom proelium inibitis, memineritis
20 vos divitias, decus, gloriam, praeterea libertatem atque patriam in dextris[27] vostris portare. Si vincimus, omnia nobis tuta erunt: conmeatus[28] abunde[29], municipia[30] atque coloniae patebunt; si metu cesserimus, eadem illa advorsa[31] fient, neque locus neque amicus quisquam
25 teget[32], quem arma non texerint[32].

1 compertum habeo + *AcI*: ich weiß aus Erfahrung, dass –
2 ignavus: matt; antriebslos –
3 strenuus: tatkräftig – 4 quanta …, tanta …: so viel … so viel – 5 quoiusque animo: in einem jeden Herzen – 6 patere: klar zutage treten – 7 **quem**: wen – 8 **nequiquam hortere**: den wird man vergeblich anfeuern –
9 officere + *Dat.*: verschließen –
10 **quo/uti**: damit

11 scitis: *Sortieren Sie so:* Scitis …, quantam cladem socordia atque ignavia … – 12 **equidem**: freilich –
13 socordia: Fahrlässigkeit –
14 ignavia: Untätigkeit –
15 quoque modo: und aus welchem Grund – 16 praesidium: Verstärkung – 17 opperiri: warten auf – 18 nequire: nicht können –
19 quo … sint: wie es um unsere Sache steht – 20 **iuxta mecum**: ebenso gut wie ich – 21 **ab urbe**: nach Rom hin – 22 obstare: den Weg versperren – 23 **si … ferat**: wenn wir es noch so gerne wollen – 24 **quocumque**: wohin auch immer

25 quapropter: deswegen – 26 uti = ut – 27 **dextra**: rechte Hand (*Schwerthand*) – 28 conmeatus, us: Verpflegung – 29 abunde: im Überfluss – 30 **municipium/colonia**: Landstadt/Kolonie –
31 advorsus fieri: sich gegen uns wenden – 32 tegere, tego, texi: beschützen; *erg.* <eum> teget, quem

Praeterea, milites, non eadem nobis et illis necessitudo inpendet[33]: nos pro patria, pro libertate, pro vita certamus[34]; illis supervacuaneum[35] est pugnare pro potentia paucorum. Quo[36] audacius adgredimini[37] memores pris-

30 tinae[38] virtutis! Licuit[39] vobis cum summa turpitudine[40] in exsilio aetatem agere, potuistis[41] nonnulli Romae amissis bonis alienas[42] opes exspectare: quia illa foeda atque intoleranda[43] viris videbantur, haec sequi[44] decrevistis. Si haec relinquere[45] voltis, audaciā opus est: nemo nisi

35 victor pace bellum mutavit[46]. Nam in fuga salutem sperare, quom[47] arma, quibus corpus tegitur[32], ab hostibus avorteris, ea vero dementia[48] est. Semper in proelio iis maximum est periculum, qui maxume timent: audacia pro muro habetur[49].

40 Quom vos considero[50], milites, et quom facta vostra aestumo[51], magna me spes victoriae tenet.

Animus, aetas, virtus vostra me hortantur, praeterea necessitudo[52], quae etiam timidos fortis facit.

Nam multitudo hostium ne[53] circumvenire queat[54], pro-

45 hibent angustiae[55] loci. Quod si[56]

virtuti vostrae fortuna inviderit[57], cavete[58] <ne>

inulti[59] animam amittatis

neu[60] capti potius sicuti pecora trucidemini[61],

quam[62] virorum more[63] pugnantes

50 cruentam[64] atque luctuosam[65] victoriam hostibus relinquatis!

---

33 inpendere + *Dat.: jdn.* bedrängen – **34 certare:** kämpfen – **35 supervacuaneus:** überflüssig – **36 quo:** umso – **37 adgredi:** es angehen; angreifen – **38 pristinus:** früher – **39 licuit vobis:** ihr hättet … können – **40 turpudo, inis** *f.:* Schande – **41 potuistis nonnulli:** einige von euch hätten … können – **42 alienus:** fremd – **43 intolerandus:** unerträglich – **44 haec sequi:** hierfür kämpfen – **45 relinquere:** *hier:* aufgeben – **46 pace bellum mutare:** Krieg gegen Frieden eintauschen – **47 quom … avorteris:** wenn man … abgewendet hat – **48 dementia:** Wahnsinn – **49 pro muro haberi:** als Schutzmauer dienen

50 considerare: ansehen – **51 aestimare:** blicken auf – **52 necessitudo:** Notlage – **53 ne:** *Sortieren Sie so:* angustiae loci prohibent, ne multitudo … queat – **54 quire:** können – **55 angustiae** *f. Pl.:* Enge – **56 quod si:** wenn aber – **57 invidere** + *Dat.:* neidisch blicken auf – **58 cavete <ne>** + *Konj.:* seht zu, dass (ihr) nicht … – **59 inultus:** ohne vorher Rache zu nehmen – **60 neu capti potius:** und dass ihr euch nicht gefangen nehmen lasst und – **61 trucidare:** abschlachten – **62 quam:** anstatt zu – **63 more:** nach der Art von → wie – **64 cruentus:** blutig – **65 luctuosus:** viel Trauer bringend

---

1 Übersetzen Sie die Rede (ggf. arbeitsteilig), geben Sie den Abschnitten Überschriften und fassen Sie sie in Stichpunkten zusammen.

2 Arbeiten Sie heraus, mit welchen Argumenten der Redner seine Soldaten zum Kampf anspornt.

3 Analysieren Sie, wie der Redner in dieser Ansprache wirkt (→ z. B. seine Darstellung der militärischen Lage, Ziele, Ansprache der Soldaten).

3. Die Schlacht ist geschlagen (61,1–9) (B)

Bei Pistorium werden Catilinas Truppen von zwei konsularischen Heeren eingekesselt. Trotz der zahlenmäßigen Unterlegenheit seines Heeres entschließt er sich zum Angriff, wird aber nach zähem Widerstand und unter hohen Verlusten für beide Seiten besiegt.

Sed confecto proelio, tum vero cerneres[1],

quanta audacia quantaque animi vis fuisset

in exercitu Catilinae.

Nam fere[2] quem quisque vivus pugnando locum ceperat,

5 eum amissā animā corpore tegebat[3].

Pauci autem, quos medios[4] cohors praetoria disiecerat[5],

paulo divorsius[6] – alii[7] alibi stantes – sed omnes tamen

advorsis[8] volneribus conciderant[9].

Catilina vero longe[10] a suis inter hostium cadavera[11] reper-

10 tus est paululum etiam[12] spirans[13] ferociamque[14] animi,

quam habuerat vivus, in voltu retinens[15]. Postremo ex

omni copia neque in proelio neque in fuga quisquam civis

ingenuŏs[16] captus est: ita cuncti suae hostiumque vitae

iuxta[17] pepercerant.

15 Neque tamen exercitus populi Romani laetam aut incruen-

tam[18] victoriam adeptus erat[19]. Nam strenuissumus

quisque[20] aut occiderat in proelio aut graviter volneratus

discesserat[21].

Multi autem, qui e castris visundi[22] aut spoliandi[23] gratia

20 processerant[24],

volventes[25] hostilia cadavera[11]

amicum alii[26],

pars[26] hospitem aut cognatum[27] reperiebant;

fuere item[28], qui inimicos suos cognoscerent.

25 Ita varie per omnem exercitum

laetitia, maeror, luctus atque gaudia agitabantur.

---

1 cerneres: man hätte erkennen können – **2 fere quisque:** fast jeder; *ordnen Sie so:* Nam fere quisque eum <locum> … tegebat, quem locum vivus pugnando ceperat – **3 tegere:** bedecken – **4 medios:** in der Mitte – **5 disicere:** auseinandersprengen – **6 divorsus:** zerstreut – **7 alii … stantes:** jeder stand woanders – **8 advorsis vulneribus:** mit Wunden vorne auf der Brust – **9 concidere:** fallen

10 longe a suis: weit weg von seinen Leute – **11 cadaver**, eris *n.:* Leiche – **12 etiam:** noch – **13 spirare:** atmen – **14 ferocia:** Wildheit, Trotz – **15 retinere:** behalten – **16 ingenuos:** frei geboren – **17 iuxta:** gleich wenig – **18 incruentus:** unblutig – **19 adipisci,** adeptus est: erlangen – **20 strenuissimus quisque:** gerade die Tapfersten – **21 discedere:** davonkommen

22 visere: zuschauen – **23 spoliare:** Beute machen – **24 procedere,** -cedo, -cessi: herauskommen – **25 volvere:** umdrehen – **26 alii/ pars:** die einen/die anderen – **27 cognatus:** Verwandter – **28 fuere item:** es gab aber auch welche

1 Beschreiben Sie das Bild: Was ist zu sehen? Welche Stimmung drückt es aus?

2 Suchen Sie aus dem Text Wörter heraus, die zum Thema »die Schlacht ist zu Ende« passen. Stellen Sie Vermutungen über den Textinhalt an.

3 Gliedern Sie den Text und geben den Abschnitten Überschriften.

4 Analysieren Sie, wie Sallust das Ende der Catilinarischen Verschwörung darstellt. Beziehen Sie folgende Punkte mit ein:
   – Stimmung des Abschnitts
   – Catilinas Soldaten
   – Catilina selbst
   – Catilinas Gegner

5 Das Ende der Verschwörung: Erstellen Sie für eine überregionale Wochenzeitung ein Dossier mit aktuellen Artikeln und Hintergrundberichten zu den Ereignissen.

Die Auffindung des Leichnams von Catilina, Alcide Segoni, 1847–1894 (Foto: © Paolo Tosi – Artothek)

Geschichte und Geschichtsschreibung

1. Die Triebkräfte menschlichen Handelns (1,1–4 und 2,8–9) (B)

Sallust beginnt sein Werk über die Catilinarische Verschwörung mit allgemeinen Gedanken über menschliches Handeln und darüber, was Thema der Geschichtsschreibung ist.

Omnis homines[1],

qui sese student praestare[2] ceteris animalibus[3],

summa ope niti[4] decet[1],

ne vitam silentio transeant[5] veluti pecora[6],

5 quae natura prona[7] atque ventri[8] oboedientia[9] finxit.

Sed nostra omnis vis in animo et corpore sita est: animi imperio, corporis servitio magis utimur[10]; alterum nobis cum dis, alterum cum beluis[11] commune[12] est.

Quo[13] mihi rectius videtur

10 ingenī quam virium opibus gloriam quaerere et,

quoniam vita ipsa, qua fruimur[14], brevis est,

memoriam nostri[15] quam maxume longam[16] efficere.

Nam divitiarum et formae gloria fluxa[17] atque fragilis[18] est, virtus clara aeternaque[19] habetur[20].

(...)

15 Sed multi mortales, dediti[21] ventri atque somno, indocti incultique vitam sicuti peregrinantes[22] transiere;

quibus profecto contra naturam

corpus voluptati, anima oneri[23] fuit[24].

Eorum ego vitam mortemque iuxta aestumo[25], quoniam

20 de utraque siletur[26]. Verum enim vero[27]

is demum mihi vivere atque frui anima videtur,

qui aliquo negotio intentus[28]

praeclari facinoris aut artis bonae famam quaerit.

---

1 omnis homines ... decet: es gehört sich für alle Menschen – **2 se praestare** + *Dat.: jdm.* überlegen sein – **3 animal:** Lebewesen – **4 niti:** sich anstrengen – **5 vitam transire:** sein Leben vorbeigehen lassen – **6 pecus, oris** *n.:* Vieh – **7 pronus:** vornüber gebeugt – **8 venter, tris** *m.:* Bauch – **9 oboediens:** gehorsam – **10 magis utimur:** genauer: wir nutzen ... – **11 belua:** Tier – **12 communis:** gemeinsam – **13 quo:** deshalb; *sortieren Sie so:* quo mihi videtur rectius <opibus> ingeni quam opibus virium gloriam quaerere – **14 frui** + *Abl.: etw.* genießen – **15 memoria nostri:** Erinnerung an uns – **16 quam maxume longam:** möglichst lang – **17 fluxus:** unbeständig – **18 fragilis:** zerbrechlich – **19 aeternus:** ewig – **20 habetur:** ist ein ... Besitz

21 deditus: hingegeben – **22 sicuti peregrinantes:** als ob sie nur auf der Durchreise wären – **23 onus, eris** *n.:* Last – **24 esse** + *doppelter Dat.: jdm.* dienen zu – **25 iuxta aestimare:** gleich geringschätzen – **26 silere:** schweigen – **27 verum enim vero:** aber ganz bestimmt – **28 intenus:** beschäftigt

1 Suchen Sie aus dem ersten Abschnitt Begriffe zu den Themen »Körper und Geist« und »Mensch – Tier – Götter« heraus. Ordnen Sie die Begriffe in einem Schaubild einander zu.

2 Arbeiten Sie heraus, wo Sallust den Menschen verortet und was er für das Ziel menschlichen Lebens hält.

3 Stellen Sie einen Zusammenhang zwischen dem ersten und dem zweiten Abschnitt her.

4 Erläutern Sie, welche Funktion diese Einleitung am Anfang eines Geschichtswerks allgemein und bei diesem Werk speziell haben könnte.

5 Erläutern Sie den Gedankengang Sallusts im Textabschnitt 1,5–2,5.

Sallust, 1,5–2,5

Aber lange herrschte großer Wettstreit unter den Menschen, ob durch die Kraft des Körpers oder Tüchtigkeit des Geistes das Militärwesen mehr vorankomme; denn bevor du beginnst, ist Überlegung, und, sobald du überlegt hast, ist rechtzeitiges Handeln nötig. So bedarf, ein jedes für sich bedürftig, das eine des anderen Hilfe.

Also übten anfangs die Könige (denn auf Erden war die Bezeichnung für Herrschaft dies die erste) unterschiedlich teils den Geist, andere den Körper. Damals wurde noch das Leben der Menschen ohne Gier geführt; jedem gefiel genugsam das Seine. Nachdem aber in Asien Kyros, in Griechenland die Spartaner und Athener anfingen Städte und Völker zu unterwerfen, die Lust auf Herrschaft für einen Kriegsgrund zu halten, den größten Ruhm in größter Herrschaft zu sehen, da erst, in Gefahr und Unternehmungen, hat man erfahren, dass im Kriege am meisten der Geist vermag.

Wenn aber der Könige und Feldherrn Geistestüchtigkeit im Frieden so wie im Kriege stark wäre, würden ausgeglichener und beständiger die menschlichen Verhältnisse sich halten, und du würdest weder sehen, dass jedes anderswohin verschleppt wird, noch dass alles sich ändert und vermengt. Denn Herrschaft wird leicht durch die Mittel bewahrt, durch die sie anfangs errungen wurde. Wahrlich, wo statt Anstrengung Müßiggang, statt Selbstzucht und Ausgeglichenheit Gier und Überheblichkeit eingedrungen sind, ändert sich das Glück zugleich mit den Sitten.

(Übersetzung aus: C. Sallustius Crispus, Coniuratio Catilinae. Herausgegeben, übersetzt und synoptisch eingerichtet von Werner Kempkes, Vandenhoeck & Ruprecht, Göttingen 2003, S. 8–9)

2. Zwei Wege zu ewigem Ruhm (3,1–3,3)

Sed in magna copia rerum aliud alii natura iter ostendit. Pulchrum est bene facere rei publicae, etiam bene dicere haud absurdum est; vel pace vel bello clarum fieri licet; et qui fecere et qui facta aliorum scripsere, multi laudantur.

Allein, bei der gewaltigen Fülle von Möglichkeiten zeigt die Natur jedem einen anderen Weg. Schön ist es, dem Gemeinwesen Gutes zu leisten; auch gut zu reden ist nicht verkehrt; im Frieden, aber auch im Kriege kann man berühmt werden; sowohl die, welche Taten vollbracht haben, als auch die, welche über die Taten anderer schrieben, haben in großer Zahl Lob geerntet.

Ac mihi quidem, tametsi haudquaquam par gloria sequitur scriptorem et auctorem rerum, tamen in primis arduum videtur res gestas scribere: primum quod facta dictis exaequanda sunt; dehinc quia plerique, quae delicta reprehenderis, malevolentiā et invidiā dicta putant; ubi de magna virtute atque gloria bonorum memores, quae sibi quisque facilia factu putat, aequo animo accipit, supra ea veluti ficta pro falsis ducit.

Und was mich angeht, so scheint es mir, wenn auch keineswegs gleicher Ruhm dem Darsteller und dem Handelnden folgt, doch besonders schwierig, Geschichte zu schreiben. Zum ersten, weil man den Taten mit den Worten gleichkommen muss; dann, weil die meisten, was du als Vergehen tadelst, aus Übelwollen und Neid gesagt glauben, wenn du aber von großem Manneswert und Ruhm der Wackren erzählst, jeder nur, was er für leicht zu tun wähnt, ruhig aufnimmt, was darüber ist, wie Erdichtetes für Lüge hält.

(Übersetzung: Karl Büchner, Stuttgart 2001, S. 7, © Philipp Reclam jun. GmbH & Co.KG, Stuttgart)

1 Benennen Sie, durch welche Tätigkeiten man sich Ruhm erwerben kann.

2 Erläutern Sie, mit welchen Schwierigkeiten sich ein Historiker konfrontiert sieht. Nennen Sie Schlüsselbegriffe auf Latein.

3 Arbeiten Sie aus dem rechten Textabschnitt Sallusts persönlichen Lebensweg heraus.

4 Weisen Sie nach, dass schon hier in Sallusts Vorwort wichtige Themenbereiche seines Werkes anklingen.

5 Erläutern Sie, inwiefern sich Sallust für geeignet hält, die Ereignisse aufzuschreiben. Nennen Sie Schlüsselbegriffe auf Latein.

6 Diskutieren Sie, was für Sie der Anspruch an einen Historiker ist. Bewerten Sie vor diesem Hintergrund Sallusts *Coniuratio Catilinae*.

3. Sallusts persönlicher Weg (3,3–4,4)

Sed ego adulescentulus initio, sicuti plerique, studio ad rem publicam latus sum, ibique mihi multa advorsa fuere. Nam pro pudore, pro abstinentia, pro virtute audacia, largitio, avaritia vigebant. Quae tametsi animus aspernabatur insolens malarum artium, tamen inter tanta vitia inbecilla aetas ambitione corrupta tenebatur; ac me, quom ab reliquorum malis moribus dissentirem, nihilo minus honoris cupido eādem, qua ceteros, famā atque invidiā vexabat.

Igitur ubi animus ex multis miseriis atque periculis requievit et mihi reliquam aetatem a re publica procul habendam decrevi, non fuit consilium socordiā atque desidiā bonum otium conterere, neque vero agrum colundo aut venando, servilibus officiis, intentum aetatem agere; sed, a quo incepto studioque me ambitio mala detinuerat, eodem regressus statui res gestas populi Romani carptim, ut quaeque memoriā digna videbantur, perscribere, eo magis, quod mihi a spe, metu, partibus rei publicae animus liber erat.

Igitur de Catilinae coniuratione, quam verissume potero, paucis absolvam; nam id facinus in primis ego memorabile existumo sceleris atque periculi novitate.

Indes, ich ließ mich anfangs als junger Mann wie die meisten von meiner Begeisterung zum Staatsdienst tragen, und dort ist mir vieles widrig gewesen. Denn anstelle von Anstand, Beherrschung, Tüchtigkeit herrschten Frechheit, Bestechung, Habgier. Wenn ich dies auch, böser Art fremd, abwies, so wurde zwischen so großen Lastern meine ungefestigte Jugend doch vom Ehrgeiz verdorben und darin festgehalten; und wenn ich mich auch von den schlimmen Sitten der übrigen absetzte, so ließ mich doch trotzdem der Ehrgeiz genauso wie die übrigen dieselbe üble Nachrede und denselben Neid erfahren.

Sobald also mein Geist nach vielen Widerwärtigkeiten und Gefahren zur Ruhe gefunden und ich beschlossen hatte, mein übriges Leben fern vom Staate zu verbringen, war es nicht meine Absicht, in Trägheit und Schlaffheit die schöne Muße zu vergeuden, aber auch nicht mit der Pflege des Ackers oder mit Jagen, knechtischen Betätigungen, beschäftigt mein Leben zu führen, sondern von welchem Beginnen und Bestreben mich der üble Ehrgeiz ferngehalten hatte, ebendorthin kehrte ich zurück und setzte mir vor, die Taten des römischen Volkes stückweis, wie jede des Gedächtnisses wert schien, zu beschreiben, um so mehr, weil mir der Geist frei war von Hoffnung, Furcht, Parteileidenschaft.

So will ich denn über die Verschwörung des Catilina so wahrheitsgemäß, wie ich kann, mit wenigen Worten berichten; denn diese Tat halte ich insbesondere für denkwürdig wegen der Neuartigkeit des Verbrechens und der Gefahr. Über dieses Menschen Lebensart muss ich erst einiges wenige erklärend sagen, bevor ich die Darstellung beginne.

(Übersetzung: Karl Büchner, Stuttgart 2001, S. 7/9, © Philipp Reclam jun. GmbH & Co.KG, Stuttgart)

Lernwortschatz

Worum geht es? – Sallusts Thema

nōbilis, -is, -e	vornehm; edel; adlig
genus, generis *n.*	Geschlecht; Abstammung; Art
vīs, –, –, vim, vī *f.*	Kraft; Stärke; Gewalt
animus, -ī	Geist; Herz; Mut; Sinn; Einstellung
5 corpus, corporis *n.*	Körper
ingenium, -ī	Veranlagung; Charakter; Wesen
adulēscentia, -ae	Jugend
caedēs, caedis *f.*	Mord
grātus, -a, -um	dankbar; angenehm; willkommen
10 iuventūs, iuventūtis *f.*	Jugend *(Sg.)*; die jungen Männer *(Pl.)*
vigilia, -ae	Wachsein; Schlafentzug
audāx (*Gen.* audācis)	kühn; frech
ēloquentia, -ae	Beredsamkeit
sapientia, -ae	Weisheit
15 altus, -a, -um	hoch; tief
dominātiō, dominātiōnis *f.*	Herrschaft; Gewaltherrschaft
libīdō, libīdinis *f.*	Lust; Begierde
invādere, invāsī, invāsum	eindringen; überfallen
capere, capiō, cēpī, captum	ergreifen; nehmen; fangen; erobern
20 modus, -ī	Art und Weise; Maß
quō modō / quibus modīs	auf welche Art und Weise; wie
agitāre	eifrig betreiben; aufwühlen; erwägen
inopia, -ae *(m. Gen.)*	Not; Mangel (an *etw.*)
rēs familiāris, reī familiāris *f.*	Vermögen; Besitz
25 cōnscientia, -ae	Bewusstsein; Gewissen
scelus, sceleris *n.*	Verbrechen
uterque, utraque, utrumque	jeder (von beiden) *(Sg.)*; alle beide *(Pl.)*
incitāre	antreiben; erregen
corruptus, -a, -um	verdorben
30 mōs, mōris *m.*	Sitte; Brauch
mōrēs, mōrum *Pl. m.*	Sitten *(Pl.)*; Charakter *(Sg.)*
malus, -a, -um	schlecht; übel; böse
(*Komp.* pēior, *Sup.* pessimus)	
malum, -ī	das Übel

Die Entwicklung des römischen Staates

1. Von der Gründung bis zur Republik

hortārī, hortor, hortātus sum	auffordern; ermahnen
vidērī, videor, vīsus sum	scheinen
īnstitūtum, -ī	Einrichtung
māiōrēs, māiōrum *Pl. m.*	Vorfahren
5 domī *Adv.*	zu Hause
domī mīlitiaeque	in Friedens- und Kriegszeiten
rēs pūblica	Staat; Gemeinwesen; Politik
immūtāre	verändern
optimus, -a, -um	der beste; sehr gut
10 pessimus, -a, -um	der schlechteste; der schlimmste; der böseste
fierī, fīō, factus sum	werden; geschehen; gemacht werden
disserere, disseruī, dissertum	über *etw.* sprechen; erörtern; darlegen
accipere, accipiō, accēpī, acceptum	empfangen; vernehmen
condere, condidī, conditum	gründen
15 lēx, lēgis *f.*	Gesetz
imperium, -ī	Befehl; Befehlsgewalt; Herrschaft
līber, lībera, līberum	frei
moenia, moenium *Pl. n.*	Stadtmauer *(Sg.);* Befestigung *(Sg.)*
lingua, -ae	Sprache
20 brevī (*sc.* tempore)	nach kurzer Zeit
concordia, -ae *f.*	Eintracht; Harmonie
cīvitās, cīvitātis *f.*	Bürgerschaft; Staat
cīvis, cīvis *m.*	Bürger
augēre, auxī, auctum	vergrößern; vermehren
25 satis *Adv.*	genug; ziemlich
invidia, -ae	Neid; Eifersucht; Hass
orīrī, orior, ortus sum	entstehen
rēx, rēgis *m.*	König
rēgius, -a, -um	königlich
30 temptāre	betasten; angreifen; versuchen
auxilium, -ī	Hilfe
auxiliō esse	helfen; Unterstützung leisten
cēterī, -ae, -a	die anderen; die Übrigen
metus, -ūs *m.*	Furcht
35 perīculum, -ī	Gefahr; Risiko
lībertās, lībertātis *f.*	Freiheit

post *Adv.*	danach; später
virtūs, virtūtis *f.*	*alles, was einen* vir *auszeichnet:* Mannhaftigkeit; Tugend; Tüchtigkeit; Tapferkeit
beneficium, -ī	Wohltat; Gefälligkeit
40 cōnsultāre	beratschlagen
aetās, aetātis *f.*	Zeitalter; Alter; Leben
appellāre	nennen; anrufen
superbia, -ae	Hochmut; Stolz
dominātiō, dominātiōnis *f.*	Herrschaft; Gewaltherrschaft
45 licentia, -ae	Freiheit; Zügellosigkeit; Willkür

2. Die glorreiche Zeit der Republik

tempestās, tempestātis *f.*	Zeit(abschnitt); Unwetter
incipere, incipiō, coepī, inceptum	anfangen; beginnen
quam	*nach Komparativ* als; (ebenso) wie
quantum	wie viel
5 crēscere, crēvī, crētum	wachsen
cupīdō, cupīdinis *f. (m. Gen.)*	Begierde (nach *etw.*); Leidenschaft
glōria, -ae	Ruhm; Ehre
iuventūs, iuventūtis *f.*	Jugend *(Sg.)*; die jungen Männer *(Pl.)*
labor, labōris *m.*	Mühe; Strapaze
10 libīdō, libīdinis *f.*	Lust; Begierde
hostis, hostis *m.*	Feind; Landesfeind; Staatsfeind
certāmen, certāminis *n. (m. Gen.)*	Kampf; Wettstreit (um *etw.*)
dīvitiae, -ārum *Pl. f.*	Reichtum *(Sg.)*
fāma, -ae	Ruf; Ansehen; Gerücht
15 avāritia, -ae	Habgier; Geiz
bonum, -ī	das Gute
valēre	gesund sein; stark sein; Bedeutung haben
discordia, -ae.	Zwietracht; Streit
certāre	streiten; kämpfen; wetteifern
20 ars, artis *f.*	Kunst; Eigenschaft
audācia, -ae	Kühnheit; Frechheit
ubī / ubī prīmum	sobald
pāx, pācis *f.*	Friede
ēvenīre, ēvēnī, ēventum	herauskommen; sich ereignen
25 proelium-ī	Kampf; Schlacht
pellere, pepulī, pulsum	schlagen; vertreiben
cēdere, cessī, cessum	gehen; weichen; nachgeben

| audēre, audeō, ausus sum | wagen |
| iniūria, -ae | Unrecht; Beleidigung; Ungerechtigkeit |

3. Die Wende

ubī / ubī prīmum	sobald
domāre, domō, domuī, domitum	zähmen; unterwerfen
subigere, subēgī, subāctum	unterwerfen; zwingen
interīre, intereō, interiī, interitum	untergehen; umkommen
5 patēre, patuī, –	offen stehen; sich erstrecken
fortūna, -ae	Schicksal
ōtium, -ī	freie Zeit; Muße; Frieden
onus, oneris *n.*	Last
miseria, -ae	Elend; Unglück
10 malum, -ī	das Übel
fidēs, fídeī *f.*	Treue; Vertrauen; Glaubwürdigkeit
neglegere, neglēxī, neglēctum	vernachlässigen; nicht beachten; missachten
mortālis, -is, -e	sterblich
mortālēs, mortālium *Pl. m.*	die Menschen
15 invādere, invāsī, invāsum	eindringen; überfallen
fierī, fīō, factus sum	werden; geschehen; gemacht werden

5. Der völlige moralische Niedergang

vitium, -ī	Fehler; das Laster; schlechte Eigenschaft
honōs / honor, honōris *m.*	Ehre; Ehrenamt
vērus, -a, -um	wahr; richtig
via, -ae	Weg; Straße; Methode
5 deesse, dēsum, dēfuī, – *(m. Dat.)*	*jdm.* fehlen; nicht da sein
contendere, contendī, contentum	sich anstrengen: eilen; kämpfen; behaupten; verlangen
studium, -ī	Bemühung; Eifer; Beschäftigung
sapiēns (*Gen.* sapientis)	klug; weise; Subst.: der Weise
cōpia, -ae	Menge; Möglichkeit; Vorrat
10 arma, -ōrum *Pl. n.*	Waffen
initium, -ī	Anfang; Eingang
domus, domūs *f.* (!)	Haus
ager, agrī	Feld; Ackerland
modus, -ī	Art und Weise; Maß
15 modestia, -ae	maßvolles Verhalten; Bescheidenheit
vincere, vīcī, victum	siegen; besiegen

	victus, -ī	Besiegter
	victor, victōris *m.*	Sieger
	victōria, -ae	Sieg
20	foedus, -a, -um	hässlich; abstoßend
	exercitus, -ūs *m.*	Heer
	mīles, mīlitis *m.*	Soldat
	mīrārī, mīror, mīrātus sum	sich wundern; bewundern
	rapere, rapiō, rapuī, raptum	eilig ergreifen; rauben

6. Die Republik nach Sulla – hemmungsloser Reichtum

	potentia, -ae	(politische) Macht; Einfluss
	sequī, sequor, secūtus sum *(m. Akk.)*	*jdm.* folgen; *jdn.* begleiten
	luxuria, -ae	Überfluss; Genusssucht; Verschwendung
	aliēnus, -a, -um	fremd
5	cupere, cupiō, cupīvī, cupītum	wünschen; begehren
	pudor, pudōris *m.*	Scham; Anstand; Ehrgefühl
	pudīcitia, -ae	Keuschheit; sittsames Verhalten
	cognōscere, cognōvī, cognitum	kennenlernen; erkennen
	modus, -ī	Art und Weise; Maß
10	pietās, pietātis *f.*	Pflichtgefühl; Frömmigkeit
	vincere, vīcī, victum	siegen; besiegen
	victus, -ī	Besiegter
	scelus, sceleris *n.*	Verbrechen
	ūtī, ūtor, ūsus sum *m. Abl.*	*etw.* gebrauchen; *etw.* benutzen; *etw.* haben
15	mōns, montis *m.*	Berg
	mare, maris *n.*	Meer
	honestus, -a, -um	ehrenhaft; anständig
	licet	es ist erlaubt; es ist möglich
	causā *m. nd-Form*	wegen; um zu
20	opēs, opum *Pl. f.*	Macht *(Sg.);* Streitkräfte; Reichtum
	facinus, facinoris *n.*	Handlung; Tat; Verbrechen
	incendere, incendī, incēnsum	anzünden; anfeuern
	carēre *m. Abl.*	*etw.* nicht haben; von *etw.* frei sein

Die Verschwörer: Catilina und seine Anhänger
1. Catilinas Freundeskreis

	tantus, -a, -um	so groß
	flāgitium, -ī	Schandtat; Untat; Niederträchtigkeit

aes aliēnum	Schulden *(Pl.)*
iūdicium, -ī	Gericht; Urteil; Meinung
5 factum, -ī	Tat
sanguis, sanguinis *m.*	Blut
egestās, egestātis *f.*	Mangel (an *etw.*); Armut (an *etw.*); Not
proximus, -a, -um	der nächste; der letzte
familiāris, -is, -e	vertraut; eng befreundet
10 pār *(Gen.* păris)	gleich; ebenbürtig
similis, -is, -e *(+ Gen. oder Dat.)*	*jdm. / einer Sache* ähnlich
appetere, appetīvī, appetītum	erstreben; begehren; anreifen
studium, -ī	Bemühung; Eifer; Beschäftigung
sūmptus, -ūs *m.*	Aufwand *(Sg.);* Kosten *(Pl.)*
15 modestia, -ae	maßvolles Verhalten; Bescheidenheit
nōnnūllī, -ae, -a	einige; manche
exīstimāre	meinen; glauben
valēre	vorherrschen; Bedeutung haben; gesund sein

2. Catilinas Jugend

adulēscēns, adulēscentis *m.*	junger Mann; Jüngling
virgō, virginis *f.*	junge Frau; Jungfrau
iūs, iūris *n.*	Recht
fās *n. (indekl.)*	göttliches Recht; göttliches Gebot
5 postrēmō *Adv.*	schließlich; kurz gesagt
praeter *m. Akk.*	außer
fōrma, -ae	Form; Gestalt; Schönheit
dubitāre *m. Inf.*	zögern, *etw.* zu *tun*
imprīmīs *Adv.*	vor allem; besonders
10 vacuus, -a, -um	leer; frei von
scelestus, -a, -um	verbrecherisch; frevelhaft
facinus, facinoris *n.*	Handlung; Tat; Verbrechen
deus, -ī *(Dat./Abl. Pl.* dīs)	Gott
quiēs, quiētis *f.*	Ruhe; Erholung
15 mēns, mentis *f.*	Geist; Verstand; Gedanke; Meinung
foedus, -a, -um	hässlich; abstoßend
modo … modo	bald … bald
faciēs, faciēī *f.*	Gesicht; Gestalt
vultus, vultūs *m.*	Gesicht; Gesichtsausdruck
20 fidēs, fídeī *f.*	Treue; Vertrauen; Glaubwürdigkeit

fidus, -a, -um	treu
fortūna, -ae	Schicksal; *Pl.*: Besitz
fāma, -ae	Ruf; Ansehen; Gerücht
pudor, pudōris *m.*	Scham; Anstand; Ehrgefühl
25 manus, manūs *f.* (!)	Hand; Schar; Gruppe

Der Beginn der Verschwörung
1. Was hat Catilina vor?

plērīque, plēraeque, plēraque	die meisten
memor *m. Gen.*	in Erinnerung an
opprimere, oppressī, oppressum	unter Druck setzen: unterdrücken; bedrohen
cōnsilium, -ī	Rat; Plan; Beratung; Beschluss
5 cōnsilium capere	einen Plan/Beschluss fassen
exercitus, -ūs *m.*	Heer
petere, petīvī, petītum	nach *etw.* streben: begehren; aufsuchen; angreifen
cōnsulātum petere	sich um das Konsulat bewerben
opportūnus, -a, -um	geeignet; günstig

2. Die Versammlung der Verschwörer: Catilinas Rede

rēs, reī *f.*	Sache; Angelegenheit; Situation
spēs, speī *f.*	Hoffnung; Erwartung; Chance
fortis, -is, -e	stark; tapfer; tüchtig
audēre, audeō, ausus sum	wagen
5 intellegere, -legō, -lēxī, -lēctum	erkennen; verstehen
īdem, eadem, ĭdem	derselbe
velle, volō, voluī, –	wollen
nōlle, nōlō, nōluī, –	nicht wollen
mēns, mentis *f.*	Geist; Verstand; Gedanke; Gesinnung
10 agitāre	eifrig betreiben; aufwühlen; erwägen
cōnsīderāre	nachdenken; überlegen
strēnuus, -a, -um	energisch; tatkräftig; entschlossen
patī, patior, passus sum	leiden; ertragen; zulassen
morī, morior, mortuus sum	sterben
15 miser, misera, miserum	elend; unglücklich; schlimm
opus est *m. Abl.*	man braucht *etw.*; *etw.* ist nötig
necessārius, -a, -um	notwendig; verwandt; befreundet
deesse, dēsum, dēfuī, –	fehlen; nicht da sein

ūllus, -a, -um	irgendein
20 emere, ēmī, ēmptum	kaufen
aedificāre	bauen
reliquus, -a, -um	übrig
anima, -ae	Atem; Seele; Leben
pōnere, posuī, positum	setzen; stellen; legen
25 ōrātiō, ōrātiōnis f.	Rede
hortārī, hortor, hortātus sum	auffordern; ermahnen
abesse, absum, āfuī, –	entfernt sein; abwesend sein; fehlen
agere, ēgī, āctum	tun; handeln; führen
imperāre	befehlen; herrschen
30 parātus, -a, -um	bereit; entschlossen

3. Die Versammlung der Verschwörer: Der Schwur

dīmittere, dīmīsī, dīmissum	wegschicken
ōrātiō, ōrātiōnis f.	Rede
ōrātiōnem habēre	eine Rede halten
sanguis, sanguinis m.	Blut
5 vīnum, -ī	Wein
aperīre, aperuī, apertum	öffnen; aufdecken; offen darlegen
orīrī, orior, ortus sum	entstehen

4. Catilinas Scheitern: die Wahl Ciceros

coniūrātiō, coniūrātiōnis f.	Verschwörung
grātiā m. Gen.	wegen m. Gen.
minor, minus (Gen. minōris)	kleiner; geringer; weniger
vetus (Gen. veteris)	alt
5 cōnsuētūdō, cōnsuētūdinis f.	Gewohnheit; (vertrauter) Umgang
ferrum, -ī	Eisen; Schwert; Waffe
solēre, soleō, solitus sum	etw. zu tun pflegen; gewöhnlich tun
invidia, -ae	Neid; Eifersucht; Hass
quasi	sozusagen

5. Sempronia – eine ungewöhnliche Frau

committere, commīsī, commissum	veranstalten; anvertrauen
facinus committere	ein Verbrechen begehen
līberī, -ōrum Pl. m.	Kinder
littera, -ae	Buchstabe

5 litterae	Geschriebenes: Brief; Wissenschaften; Literatur
doctus, -a, -um	gebildet; erfahren
necesse est	es ist notwendig
probus, -a, -um	anständig; tüchtig; gut
decus, decoris *n.*	Zierde; Anstand; Würde
10 pudīcitia, -ae	Keuschheit; sittsames Verhalten
parcere, pepercī *m. Dat.*	*etw./jdn.* schonen; sparen
petere, petīvī, petītum	nach *etw.* streben: begehren; aufsuchen; angreifen
cōnscius, -a, -um	mitwissend; eingeweiht
sermō, sermōnis *m.*	Gespräch; Sprache
15 ūtī, ūtor, ūsus sum *m. Abl.*	*etw.* gebrauchen; *etw.* benutzen; *etw.* haben

Umsturz und Revolution
2. Die Stadt ist in Gefahr!

permovēre, permōvī, permōtum	beunruhigen; veranlassen
faciēs, faciēī *f.*	Gesicht; Gestalt; Anblick
summus, -a, -um	der oberste; der höchste; der letzte
laetitia, -ae	Freude; Fröhlichkeit
5 parere, pariō, peperī, partum	hervorbringen; gebären; erwerben
trīstitia, -ae	Traurigkeit
quisquam, cuiusquam	irgendjemand *(in negierten Sätzen)*
neque quisquam	und niemand
rūmor, rūmōris *m.*	Gerücht; Gerede
10 omittere, omīsī, omissum	loslassen; aufgeben; *(in der Rede)* übergehen
īdem, eadem, īdem	derselbe
causā *m. nd-Form*	wegen; um zu
ūtilis, -is, -e	nützlich; brauchbar

Der Zustand der römischen Gesellschaft
1. Umsturz liegt in der Luft

coniūrātiō, coniūrātiōnis *f.*	Verschwörung
castra,-ōrum *Pl.*	Lager *(Sg.)*; Feldlager *(Sg.)*
discēdere, discessī, discessum	weggehen
mēns, mentis *f.*	Geist; Verstand; Gedanke; Meinung
5 cōnscius, -a, -um	mitwissend; eingeweiht
plēbs, plēbis *f.*	Volk; Pöbel

rēs novae *Pl. f.*	Umsturz *(Sg.)*; Revolution *(Sg.)*
studium, -ī	Bemühung; Eifer; Beschäftigung
inceptum, -ī *n.*	Vorhaben; Unternehmen
10 probāre *(kurzes* o*)*	prüfen; billigen; gut finden
ōdisse *(nur Perfektformen)*	hassen *(Präs.)*
mūtārī	sich verändern
studēre, studuī, –	sich bemühen; streben
egestās, egestātis *f.*	Mangel (an *etw.*); Armut (an *etw.*); Not
15 causa, -ae	Grund; Ursache; Prozess
praestāre, praestitī, praestitum	sich auszeichnen
item *Adv.*	ebenso
āmittere, āmīsī, āmissum	verlieren
dēdecus, dēdecoris *n.*	Unehre; Schande; Schandtat
20 flāgitium, -ī	Schandtat; Untat; Niederträchtigkeit
memor esse *m. Gen.*	sich erinnern an
agere, ēgī, āctum	tun; handeln; führen
inopia, -ae *(m. Gen.)*	Not; Mangel (an *etw.*)
mīrārī, mīror, mīrātus sum	sich wundern
25 cōnsulere, cōnsuluī, cōnsultum	beraten; beschließen *m. Dat.:* sich um *jdn./etw.* kümmern
mālle, mālō, māluī, –	lieber wollen

2. Mehr Macht dem Volk?

restituere, restítuī, restitūtum	wiederherstellen; zurückgeben
animus, -ī	Geist; Herz; Mut; Sinn; Einstellung
aetās, aetātis *f.*	(Lebens-)Alter; Leben
plēbs, plēbis *f.*	Volk; Pöbel
5 potēns *(Gen.* potentis*)*	mächtig; stark
iūs, iūris *n.*	Recht
tempus, temporis *n.*	Zeit; Zeitumstand
quīcumque, quaecumque, quodcumque	wer auch immer; jeder, der
dēfendere, dēfendī, dēfēnsum	verteidigen
10 pars, partis *f.*	Teil
auctōritās, auctōritātis *f.*	Ansehen; Einfluss; Macht
quisque, quaeque, quidque	jeder
modestia, -ae	maßvolles Verhalten; Bescheidenheit
modus, -ī	Maß; Art und Weise

Die Verhaftung der Verschwörer in Rom
2. Caesars Rede vor dem Senat

patrēs cōnscrīptī	meine Herren Senatoren (*offizielle Anrede im Senat*)
dubius, -a, -um	zweifelhaft; bedenklich; gefährlich
odium, -ī	Hass
decet	es gehört sich für *jdn., etw.* zu *tun*
5 prōvidēre, prōvīdī, -vīsum	vorhersehen; Vorsorge treffen
quisquam, cuiusquam	irgendjemand (*in negierten Sätzen*)
neque quisquam	und niemand
possidēre, -sēdī, -sessum	besitzen
dominārī, dominor, dominātus sum	herrschen
10 cōnsulere, cōnsuluī, cōnsultum	beraten; beschließen
	m. Dat.: sich um *jdn./etw.* kümmern
plērīque, plēraeque, plēraque	die meisten
sententia, -ae	Meinung; Vorschlag; Antrag
rapere, rapiō, rapuī, raptum	eilig ergreifen; rauben
līberī, -ōrum *Pl. m.*	Kinder
15 parentēs, parentum *Pl. m.*	Eltern
patī, patior, passus sum	leiden; ertragen; zulassen
incendium-ī	Brand; Feuer
complēre, complēvī, complētum	anfüllen; erfüllen
dīcere, dīxī, dictum	sagen; sprechen; nennen
20 appellāre	nennen; anrufen
minor, minus (*Gen.* minōris)	kleiner; geringer; weniger
meminisse (*nur Perfektformen*)	sich erinnern
impius, -a, -um	gottlos; gewissenlos; frevelhaft
poena, -ae	Strafe
25 disserere, disseruī, dissertum	über *etw.* sprechen; erörtern; darlegen
dēcernere, dēcrēvī, dēcrētum	entscheiden; beschließen
gēns, gentis *f.*	Volk; vornehme Familie
accidere, accidī, –	sich ereignen; geschehen
statuere, statuī, statūtum	aufstellen; festsetzen; beschließen
30 exemplum, -ī	Beispiel; Vorbild
interficere, interficiō, -fēcī, -fectum	töten
opprimere, oppressī, oppressum	unter Druck setzen: unterdrücken; bedrohen
iubēre, iussī, iussum	auffordern; befehlen
factum, -ī	Tat

35 clādēs, clādis *f.*	Niederlage; Katastrophe
numerus, -ī	Zahl; Menge
mors, mortis *f. (gem. Dekl.)*	Tod
fīnis, fīnis *m.*	Grenze; Ende; Ziel
tempus, temporis *n.*	Zeit; Zeitumstand

3. Catos Antwort

mēns, mentis *f.*	Meinung; Geist; Verstand; Gedanke
āra, -ae	Altar
prōvidēre, prōvīdī, -vīsum	vorhersehen; Vorsorge treffen
capere, capiō, cēpī, captum	ergreifen; nehmen; fangen; erobern
5 vincere, vīcī, victum	siegen; besiegen
victus	Besiegter
appellāre	nennen; anrufen
retinēre, retinuī, retentum	zurückhalten; festhalten; bewahren
voluptās, voluptātis *f.*	Lust; Vergnügen; Freude
10 praebēre, praebuī, praebitum	gewähren; geben
agere, ēgī, āctum	tun; handeln; führen
agitur dē	es geht um
nōlle, nōlō, nōluī, –	nicht wollen
nōlī/nōlīte *m. Inf.*	*verneinter Imperativ = Verbot*
15 exīstimāre	meinen; glauben
arma, -ōrum *Pl. n.*	Waffen
cōpia, -ae	Menge; Möglichkeit; Vorrat
līber, lībera, līberum	frei
mīrus, -a, -um	merkwürdig; erstaunlich
20 servīre	dienen
impetus, -ūs *m.*	Angriff; Überfall
cūnctārī, cūnctor, cūnctātus sum	zögern
statuere, statuī, statūtum	aufstellen; festsetzen; beschließen
circumvenīre, -vēnī, -ventum	umringen; umzingeln
25 scelerātus, -a, -um	verbrecherisch; frevelhaft
cīvis, cīvis *m.*	Bürger
mōs, mōris *m.*	Sitte; Brauch
mōs māiōrum	Tradition

4. Caesar und Cato: zwei Persönlichkeiten im Vergleich

item *Adv.*	ebenso
beneficium, -ī	Wohltat; Gefälligkeit

habēre, habuī, habitum	haben; *jdn.* für *etw.* halten
dignitās, dignitātis *f.*	Würde; Ansehen
5 addere, addidī, additum	hinzufügen; hinzutun
miser, misera, miserum	elend; unglücklich; schlimm
perniciēs, -ēī *f.*	Verderben; Untergang
negōtium, -ī	Arbeit; Aufgabe; Angelegenheit
dignus, -a, -um *m. Abl.*	*einer Sache* würdig; wert; angemessen
10 modestia, -ae	maßvolles Verhalten; Bescheidenheit
dīves (*Gen.* dīvitis)	reich
vidērī, videor, vīsus sum	scheinen

Das Ende der Verschwörung
1. Die Hinrichtung der Catilinarier

dēdūcere, dēdūxī, dēductum	wegführen; hinführen; bringen
īdem, eadem, ĭdem	derselbe
cēterī, -ae, -a	die anderen; die Übrigen
appellāre	nennen; anrufen
5 faciēs, faciēī *f.*	Gesicht; Gestalt; Anblick
praecipere, praecipiō, -cēpī, -ceptum	vorschreiben
gēns, gentis *f.*	Volk; vornehme Familie
dignus, -a, -um *m. Abl.*	*einer Sache* würdig; wert; angemessen
factum, -ī	Tat

2. Catilinas Rede vor der Entscheidungsschlacht

addere, addidī, additum	hinzufügen; hinzutun
solēre, soleō, solitus sum	*etw. zu tun* pflegen; gewöhnlich *tun*
excitāre	reizen; ermuntern
monēre, monuī, monitum	mahnen; ermahnen; erinnern
5 advocāre	herbeirufen
aperīre, aperuī, apertum	öffnen; aufdecken; offen darlegen
quantus, -a, -um	wie groß; wie viel
clādēs, clādis *f.*	Niederlage; Katastrophe
afferre, afferō, attulī, allātum	herbeibringen; melden; zufügen
10 proficīscī, proficīscor, profectus sum	aufbrechen
diū *Adv.*	lange
frūmentum, -ī *n.*	Getreide; Nahrungsmittel
prohibēre, -hibuī, -hibitum	hindern
placet *m. Dat.*	*jd.* beschließt

15	iter, itineris *n.*	Weg
	proelium-ī	Kampf; Schlacht
	inīre, íneō, íniī, ínitum	hineingehen; beginnen
	meminisse *(nur Perfektformen)*	sich erinnern
	tūtus, -a, -um	sicher
20	cēdere, cessī, cessum	gehen; weichen; nachgeben
	necessitūdō, necessitūdinis *f.*	Not; Zwangslage
	opēs, opum *Pl. f.*	Macht *(Sg.);* Streitkräfte; Reichtum
	dēcernere, dēcrēvī, dēcrētum	entscheiden; beschließen
	salūs, salūtis *f.*	Rettung; Heil; Wohlergehen
25	factum, -ī	Tat

3. Die Schlacht ist geschlagen

	cōnficere, -ficiō, -fēcī, -fectum	zustande bringen; beenden
	proelium-ī	Kampf; Schlacht
	vīs, –, –, vim, vī *f.*	Kraft; Stärke; Gewalt
	vīvus, -a, -um	lebendig; am Leben
5	capere, capiō, cēpī, captum	ergreifen; nehmen; fangen; erobern
	anima, -ae	Atem; Seele; Leben
	reperīre, repperī, repertum	finden
	parcere, pepercī *m. Dat.*	*etw./jdn.* schonen; sparen
	occidere, occidī, occāsum	umkommen; sterben
10	grātiā *m. nd-Form im Gen.*	wegen; um zu
	cognōscere, cognōvī, cognitum	kennenlernen; erkennen

Geschichte und Geschichtsschreibung: Die Triebkräfte menschlichen Handelns

	studēre, studuī, –	sich bemühen; streben
	ops, opis *f.*	Kraft; Stärke
	silentium, -ī	Schweigen; Stille; Ruhe
	velut/velutī *Adv.*	so wie
5	fingere, fīnxī, fictum	gestalten; sich *etw.* ausdenken
	vīs, –, –, vim, vī *f.*	(körperliche) Kraft; Stärke; Gewalt
	animus, -ī	Geist; Herz; Mut; Sinn; Einstellung
	ūtī, ūtor, ūsus sum *m. Abl.*	*etw.* gebrauchen; *etw.* benutzen; *etw.* haben
	alter … alter	der eine … der andere
10	deus, -ī (*Dat./Abl. Pl.* dīs)	Gott
	rēctus, -a, -um	richtig
	vidērī, videor, vīsus sum	scheinen
	ingenium, -ī	Veranlagung; Charakter; Wesen

quaerere, quaesīvī, quaesītum	suchen; fragen
15 quoniam	da ja
efficere, -ficiō, -fēcī, -fectum	bewirken; erreichen
fōrma, -ae	Form; Gestalt; Schönheit
glōria, -ae	Ruhm; Ehre
virtūs, virtūtis *f.*	*alles, was einen* vir *auszeichnet:* Mann-haftigkeit; Tugend; Tüchtigkeit; Tapferkeit
20 sīcut/sīcutī *Adv.*	so wie; gleich wie
mortālis, -is, -e	sterblich
mortālēs, mortālium *Pl. m.*	die Menschen
profectō *Adv.*	in der Tat; sicherlich; gewiss
vīvere, vīxī, (vīctūrus)	leben
25 anima, -ae	Atem; Seele; Leben
uterque, utraque, utrumque	jeder (von beiden) *(Sg.);* alle beide *(Pl.)*
negōtium, -ī	Arbeit; Aufgabe; Angelegenheit
facinus, facinoris *n.*	Handlung; Tat; Verbrechen
fāma, -ae	Gerücht; Ruf; Ansehen

Wichtige Stilmittel und ihre Funktionen

Alliteration (die): Gleicher Anlaut in aufeinanderfolgenden Wörtern. *patriam parentīsque (tegere):* → Alliteration unterstreicht den Zusammenhang von Heimat und Eltern.

Antithese (die): Gegenüberstellung gedanklich entgegengesetzter Wörter, Wortgruppen oder Sätze: *satis eloquentiae, sapientiae parum.* → Der Gegensatz von rhetorischer Kompetenz und Weisheit wird (asyndetisch) betont.

Archaismus: Altertümliche Sprachformen, die den Text feierlich und altrömisch klingen lassen, z. B. *lubido* statt *libido.*

Asyndeton: *res, tempus, pericula, egestas belli, spolia magnifica … vos hortantur:* → Die Auslassung der Konjunktion *et/aut* lässt den Ausdruck knapper und archaisch wirken.

Brevitas: Verkürzte Ausdrucksweise durch Asyndeton, historische Infinitive, Ellipsen.

Chiasmus (der): Überkreuzstellung einander entsprechender Begriffe oder Satzteile (benannt nach dem griechischen Buchstaben X = Chi):
satis eloquentiae,

sapientiae parum
→ Die Wortstellung verdeutlicht die Parallelisierung und zugleich Gegenüberstellung von *eloquentia* und *sapientia.*

Ellipse (die): Auslassung, v. a. Formen von *esse:* → Die Auslassung macht die Aussage knapper und eindringlicher.

Gravitas: Erhabenheit des Stils durch Archaismen, Asyndeta, Alliterationen.

Inkonzinnität: Satzglieder mit gleicher semantischer Funktion werden syntaktisch variiert, z. B.: *alii … pars* statt *alii … alii.* → Der Leser muss aufmerksam bleiben; der Stil soll bewusst unklassisch wirken.

Metonymie (die): Ein Wort wird durch ein anderes aus einem verwandten Sachbereich ersetzt: *mortalis ~ homo.* → Der Mensch ist ein Sterblicher; der Ausdruck klingt poetischer.

Parataxe: Verzicht auf lange Perioden mit Nebensätzen; Verbindung von übergeordneten Verben mit Konjunktiven ohne Konjunktion *(ut). agant permittit* statt *permittit, ut agant:* → Die einzelnen Aussagen werden in sich stärker markiert; zudem wirkt der Stil altertümlicher.

Poetische Wörter: Wörter, die eigentlich der Dichtung angehören: *mortalis* statt *homo.* → So klingt der Text feierlicher und erinnert an das Epos.

Synonymhäufungen: Der gleiche Sachverhalt wird mehrfach ausgedrückt. *bella atque certamina:* → Der Ausdruck klingt so noch erhabener.

Trikolon: Aneinanderreihung von drei Satzteilen: *quos flagitium, egestas, conscius animus exagitabat:* → Die drei asyndetisch verbundenen Ausdrücke werden jeweils besonders hervorgehoben.

Namenverzeichnis

Aeneas: mythologischer Stammvater der Römer; er floh mit seinem Sohn aus Troja und begründete in Italien ein neues Volk.

Allobroger: keltischer Stamm aus dem Gebiet am Genfer See; sie waren 121 v. Chr. besiegt und in die Provinz Gallia Narbonensis integriert worden.

Athenienses: Einwohner von Athen.

Caeparius: Teilnehmer der Catilinarischen Verschwörung.

Gaius Iulius **Caesar:** 100–44 v. Chr.; Aristokrat aus hochadeliger Familie, jedoch früh auf Seiten der Popularen. In den 60er Jahren arbeitete er an seiner politischen Karriere, für die er sich hoch verschuldete (S. auch S. 69).

Lucius Sergius **Catilina:** Patrizier; Prätor 68 v. Chr.; Statthalter in Africa 66 v. Chr., danach angeklagt wegen Ausbeutung der Provinz; versuchte nach mehreren vergeblichen Bewerbungen um das Konsulat einen Staatsstreich, den Cicero 63 v. Chr. als Konsul aufdeckte; starb im Kampf gegen die Senatstruppen (62 v. Chr.).

Marcus Porcius **Cato** Uticensis: 95–46 v. Chr.; Stoiker aus der alten Senatsaristokratie, der dafür bekannt war, die Sittenstrenge der althergebrachten römischen Republik zu leben und zu verteidigen (s. auch S. 69).

Gaius Cornelius **Cethegus:** Teilnehmer an der Catilinarischen Verschwörung.

Marcus Tullius **Cicero:** 106–43 v. Chr.; Aufsteiger aus einer eher unbekannten Familie aus Arpinum; größter römischer Redner und Konsul des Jahres 63 v. Chr.

Marcus Licinius **Crassus:** 115–53 v. Chr.; während Sullas Proskriptionen kam er durch die Vermögen der Verfolgten und seinen Geschäftssinn zu unermesslichem Reichtum, wurde dann aber von Sulla kaltgestellt. Nach seiner Prätur erhielt 72 ein Imperium zur Bekämpfung des Sklavenaufstandes; Konsul im Jahre 70. Im Jahre 60 schloss er mit Caesar und Pompeius ein Bündnis.

Quintus **Curius:** um 71 v. Chr. Quästor, danach wegen Spielsucht aus dem Senat ausgeschlossen; Teilnehmer an der Catilinarischen Verschwörung.

Lucius Iunius Brutus **Damasippus:** Anhänger des Marius; im Jahr 82 v. Chr. Prätor.

Fulvia: Geliebte des Q. Curius; Informantin Ciceros in der Catilinarischen Verschwörung.

Publius **Gabinius** Capito: römischer Ritter und Teilnehmer der Catilinarischen Verschwörung.

Lacedaemonii: Bürger von Sparta.

Publius Cornelius **Lentulus** Sura: ca. 114–63 v. Chr.; adliger Politiker, Konsul des Jahres 75 v. Chr., dann aus dem Senat ausgeschlossen; im Jahr 63 v. Chr. zum Prätor gewählt.

Lucius Aemilius (Lepidus) **Paulus:** 63 v. Chr. klagte er Catilina *de vi* an; Konsul des Jahres 50.

Perseus: letzter König von Makedonien; er regierte von 179–168 v. Chr.; er versuchte, das Land aus der politischen Isolation nach den vorherigen Kriegen mit Rom herauszuführen und neue Bündnisse zu schmieden, u. a. auch mit Rhodos; dies erregte das Misstrauen der Römer – die Folge war der dritte Makedonische Krieg und die Niederlage im Jahr 168.

Gnaeus **Pompeius** Magnus: 106–48 v. Chr.; großer Feldherr, der mit außerordentlichem Kommando ausgestattet in Spanien siegte und anschließend in Italien bei der Bekämpfung des Sklavenaufstands half; später verbündete er sich mit Caesar im sog. ersten Triumvirat; nach dem Ende des Bündnisses dessen Gegner im Bürgerkrieg.

Decimus Iunius **Silanus:** ca. 107–60 v. Chr.; Konsul des Jahres 62 v. Chr.

Lucius **Statilius:** römischer Ritter und Teilnehmer an der Catilinarischen Verschwörung.

Lucius Cornelius **Sulla:** ca. 138–78 v. Chr.; nach seinem Sieg im Bürgerkrieg wurde er 82 v. Chr. zum *dictator* ernannt; ließ viele seiner Gegner durch Proskriptionen töten.

Titus Manlius Impersiosus **Torquatus:** drei Mal Konsul (347, 344, 340 v. Chr.). Im Latinerkrieg beendete er die Schlacht bei Trifanum siegreich, ließ jedoch seinen Sohn hinrichten.

Troiani: Trojaner; der Sage nach floh Aeneas aus Troja und begründete in Italien ein neues Volk; er gilt als Stammvater der Römer.

Titus **Volturcius:** Teilnehmer der Catilinarischen Verschwörung.